Gerhard von Rad

Das Opfer des Abraham

GERHARD VON RAD

Das Opfer des Abraham

Mit Texten von Luther,
Kierkegaard, Kolakowski
und Bildern von Rembrandt

CHR. KAISER VERLAG MÜNCHEN

1971

Umschlag von Ernst Eichinger
Satz und Druck: Buch- und Offsetdruckerei
Georg Wagner, Nördlingen
Printed in Germany

Inhalt

Die alte Erzählung und der heutige Leser 7
Der Text der Erzählung 12
Die Erzählung und ihre Merkmale 13
Versuch einer Deutung der Erzählung 23
Der Erzähler und seine Absicht 33
Die Erzählung als ein Ärgernis 38

Texte und Bilder

Luther 42
Kierkegaard 58
Kolakowski 78
Rembrandt 86

Die alte Erzählung und der heutige Leser

Die biblische Geschichte, herkömmlich überschrieben »Die Opferung Isaaks« (1. Mos. 22_{1-19}), gehört zu denjenigen alttestamentlichen Stoffen, deren sich auch noch viele Heutige erinnern. Hätte man die Unterweisung im Religionsunterricht vergessen, so blieben immer noch die Bilder in den Gemäldegalerien aller Kulturländer, die es uns zeigen, daß es einmal einen Mann gab, der von Gott den Befehl erhielt, seinen eigenen Sohn auf einem Altar zu opfern. Aber um wesentlich mehr als um eine vage Erinnerung handelt es sich bei den meisten Menschen wohl kaum. Sie schleppen ja eine wahre Last von unnützen Erinnerungen mit sich herum, an das, was sie von ihren Eltern gehört, oder wovon ihre Lehrer gesprochen haben. Das liegt nun bei ihnen herum ohne jeden Bezug zu ihrem eigenen Leben. Die alte Geschichte hat eben aufgehört, die Menschen anzusprechen. Heißt das, daß ihre Aussagekraft überhaupt erloschen ist? Tatsächlich glaubt man die Zeit absehen zu können, in der das, was zum Erinnerungsballast herabgesunken ist, eines Tages ganz aus dem Gedächtnis der Menschen entschwinden wird. Aber nicht überall vollzog sich das langsame Entschwinden dieser Erzählung aus der geistigen Welt der Heutigen so lautlos und unsensationell. Schon seit langem – das »Jahrhundert des Kindes« begann ja schon um 1900! – muß es sich Kirche und Schule sagen lassen, daß es eine seelische Roheit sei, eine solche Geschichte in die Vorstellungswelt eines Kindes hineinzugeben. Muß nicht von da ab das Kind in der ständigen Furcht leben, sein eigener Vater könnte eines Tages ebenso gehorsam sein, wie es Abraham war? Denen, die so polemisieren, wird man immerhin das zubilligen müssen, daß sie auf ihre Weise etwas von dem Aufregenden dieser Geschichte gesehen haben – deutlicher vielleicht als viele, die nichts gegen sie einzuwenden hatten. Nein, eine Erzählung wie diese kann nicht weitergegeben werden, einfach, weil es herkömmlich ist. Man muß schon genau wissen, worum es da geht und was man da sagt. Immer aufs neue muß man sich darüber Gedanken machen, inwiefern denn auch wir Heutigen gerade dieser Geschichte bedürfen.

Nun ist es freilich eine sehr verschiedene Sache, ob ich eine Erzählung von einem zeitgenössischen Autor lese, oder ob sie aus einer so fernen Vergangenheit stammt. Im ersteren Fall wird mich der Erzähler, vorausgesetzt, er versteht sein Handwerk, so treffen, daß ich mir über die Art seiner Darstellung, je bezwingender er spricht, kaum Gedanken mache und mich ganz der beschworenen Sache hingebe. Im anderen Fall bedarf es – man mag es nennen wie man will – einer gewissen Bildung, einer gewissen Schulung, um das Alte, dem doch immer auch ein Beisatz des Fremdartigen anhaftet, zu verstehen. Sind wir durch die christliche Überlieferung mit dem Stoffe noch vertraut, so ist das zunächst natürlich ein Vorteil, weil wir dann schon diese Schulung im Verstehen mitbringen. Eine solche Vertrautheit ist aber doch nicht nur hilfreich. Sie führt den Leser zugleich auch in eine Gefahrenzone, insofern das Allzuvertraute auch zum Hindernis werden kann, das sich zwischen dem Leser und dem alten Text aufrichtet; denn wo immer man sich ein bestimmtes Verständnis zurechtlegt und wo man sich darin eingelebt hat, besteht die Gefahr, daß etwas vereinnahmt worden ist, das eigenwilliger und vielleicht auch schwieriger ist.

Die Geschichte der Auslegung unserer Erzählung ist geschrieben.[1] Sie zeigt, wie die Erzählung durch viele Zeiten und Kulturen gewandert ist und wie sie, angeleuchtet von sehr verschiedenen Fragestellungen, jeweils auch auf eine verschiedene Weise zu ihren Lesern sprach. Es ist bewegend zu sehen, wie sie sich dem Gespräch mit

[1] D. Lerch, Isaaks Opferung christlich gedeutet (1950).

Menschen stellte, die unter den unterschiedlichsten religiösen Horizonten lebten, und wie vielerlei Wahrheit sie für sie alle aus sich zu entlassen vermochte. Allen, die ernsthaft nach Erkenntnis fragten, stellte sie sich, und in der Sprache vieler geistiger Epochen wußte sie zu reden. Sie hat in der Zeit der alten Kirche in Alexandrien anders geredet als im Mittelalter und in der Zeit des protestantischen Liberalismus zu Beginn unseres Jahrhunderts anders als zu den Theologen der lutherischen Orthodoxie im 17. Jahrhundert. Keiner sage, daß das doch ganz einfach zu erklären sei: jede Zeit habe eben ihre Vorstellungen und Probleme in sie hineingelesen und habe so im Grunde nur ein Gespräch mit sich selbst geführt. So einfach ist die Sache doch nicht. An diesem Einwurf ist nur das richtig, daß jede Zeit aus dem Horizont ihrer bestimmten Verstehensmöglichkeiten heraus an die Erzählung herangetreten ist. Aber die Erzählung hat doch nie aufgehört, für sie ein Gegenüber, ein echter Gesprächspartner zu sein. Natürlich war die Intensität dieser Begegnungen, dieser Dialoge mit der alten Erzählung nicht zu allen Zeiten gleich stark. Zeiten eines mehr konventionell gewordenen Verständnisses werden gelegentlich unterbrochen von einer Auslegung, in der sich die in der Erzählung schlummernde Gewalt rücksichtslos und geradezu eruptiv Ausdruck verschaffte. Das sind dann Deutungen, die sich auch turmhoch über die Verstehensmöglichkeiten ihrer eigenen Zeit erheben. Luther und Kierkegaard, von deren Auslegung wir in diesem Büchlein einige Proben geben, sind aber nicht die einzigen Beispiele für die Urgewalt, mit der die Erzählung ihren Ausleger unversehens überfallen kann. Aber auch in diesen Auslegungen von größtem Format ist die Erzählung nicht in ihrer ganzen Breite zu Wort gekommen. Auch da waren es immer nur, wie sich leicht zeigen ließe, bestimmte Aspekte, in denen sie den Auslegern so groß wurde. Aber was heißt bei dieser Erzählung »ihre ganze Breite«, ihr ganzer Gehalt?

Wenn wir uns nun anschicken, die Erzählung – gelinge es wie es wolle – zu uns reden zu lassen, so wäre es gewiß nicht gut, wenn wir uns nicht immer auch dessen bewußt blieben, daß sie schon vor uns den Sinn vieler Generationen, vieler geistiger Epochen beschäftigt hat. Niemand wird es in den Sinn kommen, mit jenen Großen, Einsamen in der Geschichte der Auslegung, von denen wir eben sprachen, zu konkurrieren. So auszulegen, das kann man sich nicht vornehmen. Das sind Widerfahrnisse in der Tiefe des Geistes von Auslegern, die es vermochten, auf eine einzigartige Weise der Erzählung in sich Raum zu geben, deshalb nämlich, weil sie selbst tiefer als andere an Gott gelitten haben. So sehr uns ihre Auslegungen bewegen, weil sie uns zeigen, in welche Dimensionen hinaus das Gespräch mit dieser Erzählung führen kann – im Letzten sind sie nicht wiederholbar. Zu tief wurzelt dieser Dialog in der religiösen Not und in der Hoffnung gerade dieser Menschen und ihrer Zeit. Jedenfalls können sie uns unseren eigenen Dialog mit der Erzählung, den wir aus unseren heutigen Verstehensmöglichkeiten heraus führen müssen, nicht abnehmen, auch nicht auf die Gefahr hin, daß er viel dürftiger ausfällt. Wir haben allen Grund, uns zu fragen, ob die Erzählung uns Heutige überhaupt schon richtig angeredet hat.

Eines trennt nämlich die Heutigen ziemlich grundsätzlich von denen, die sich früher mit der Erzählung beschäftigten. Ob sie sie auslegten oder als Maler bildhaft darstellten – sie war für sie eine Autorität, einfach weil sie sie für wahr hielten. Sie zweifelten nicht an der Wahrheit des Geschehens und wußten auch, daß diese Wahrheit in irgendeinem Sinne sie selber betraf. Sie glaubten an denselben Gott, von dem auch die Erzählung redete. Sie wußten sich von einer Welt umfangen, die noch im Zeichen der gleichen Verzweiflungen und der gleichen Tröstungen stand, wie die der Menschen der Bibel. Das schließt nicht aus, daß sie sich an der

Erzählung stießen, ja sich über sie entsetzten. Gerade deshalb entsetzten sie sich ja über sie, weil ihnen die – sei es begriffene, sei es unbegreifliche – Wahrheit des Erzählten feststand. Darum gerade ging es bei dem Erzählten auch für sie um Tod und Leben. Viele werden sich auch heute noch im Geist in die Einstellung dieser Ausleger hineinversetzen können; sie werden sich aber nicht darüber täuschen, daß der Wahrheitsanspruch der Bibel einer solchen Vorgabe an Vertrauen, vollends einer solchen Bereitschaft, sich ihm zu unterwerfen, heute nicht mehr begegnet. Man nimmt von ihr nur mit Vorbehalten und nur wahlweise Kenntnis. Und oft genug verschanzt sich hinter dem Lesen der Heutigen etwas wie eine Abwehr. Jedenfalls, der Weg zum Ohr der Menschen ist inzwischen viel weiter geworden. Darin aber liegt zugleich auch die große Chance, diesem Wahrheitsanspruch wieder neu zu begegnen.

Es gibt heute eine Reihe von Arbeiten, die eine Deutung unserer Erzählung einem breiteren Leserkreis anbieten.[2] Da ist viel Nützliches und Wichtiges gesagt. Aber, wie unberührt, wie wenig bedrängt sind sie im Grunde von der Gewalt der Aussage, die frühere Ausleger zugleich fasziniert und abgestoßen hat! Von dem Entsetzen, das hinter Luthers Auslegung oder hinter Rembrandts Zeichnungen steht, ist wenig zu spüren. Wer sich auf diese Erzählung einläßt, muß darauf gefaßt sein, daß er immer wieder wie vor einem Abgrund zurückschaudert. Als Isaak, wieder nach Hause gekommen, seiner Mutter von all dem Erlebten berichtete, da – so steht es in einer spätjüdischen Überlieferung – habe Sara sechs Schreie ausgestoßen und sei gestorben![3]

[2] Hervorzuheben sind H. Graf Reventlow, Opfere deinen Sohn! Eine Auslegung von Gen. 22 (Biblische Studien 53 1968). R. Kilian, Isaaks Opferung, Zur Überlieferungsgeschichte von Gen. 22 (Stuttgarter Bibelstudien 44 1970).

[3] Strack-Billerbeck, Kommentar zum Neuen Testament aus Talmud und Midrasch Bd. IV S. 181 f.

(1) Nach diesen Ereignissen geschah es, daß Gott den Abraham versuchte und zu ihm sprach: »Abraham!« Er antwortete: »Hier bin ich«. (2) Er aber sprach: »Nimm deinen Sohn, deinen einzigen, den du lieb hast, den Isaak und begib dich in das Land Moria und bring ihn dort auf einem der Berge, den ich dir ansagen werde, als Brandopfer dar.« (3) Da machte sich Abraham am Morgen frühe auf, sattelte seinen Esel, nahm seine beiden Burschen mit sich und seinen Sohn Isaak. Er spaltete Holz zum Brandopfer und machte sich auf und ging an den Ort, den ihm Gott angesagt hatte. (4) Als Abraham am dritten Tag seine Augen aufhob, da sah er den Ort von ferne. (5) Da sprach Abraham zu seinen Burschen: »Bleibt hier bei dem Esel. Ich aber und der Knabe, wir wollen dorthin gehen, um anzubeten und dann wieder zu euch zurückkommen.« (6) Dann nahm Abraham die Holzscheite fürs Brandopfer und lud sie seinem Sohn Isaak auf. Er aber nahm das Feuer in seine Hand und das Messer. So gingen die beiden miteinander. (7) Da sprach Isaak zu seinem Vater Abraham: »Mein Vater!« Er antwortete: »Hier bin ich, mein Sohn.« Und er sprach: »Hier ist Feuer und Holz, wo aber ist das Schaf zum Brandopfer?« (8) Abraham antwortete: »Gott wird sich ein Schaf zum Brandopfer ersehen, mein Sohn.« So gingen die beiden miteinander.

(9) Als sie an den Ort gekommen waren, den Gott ihnen angesagt hatte, da baute Abraham daselbst den Altar, er schichtete die Holzscheite zurecht, er band seinen Sohn Isaak und legte ihn oben auf die Holzscheite. (10) Dann streckte Abraham seine Hand aus und nahm das Messer, um seinen Sohn zu schlachten. (11) Da rief ihn der Engel Jahwes vom Himmel herab an und sprach: »Abraham, Abraham!« Er antwortete: »Hier bin ich.« (12) Und er sprach: »Strecke deine Hand nicht

aus nach dem Knaben und tu ihm nichts an, denn jetzt weiß ich, daß du gottesfürchtig bist, da du deinen Sohn, deinen einzigen mir nicht vorenthalten hast.« (13) Als Abraham seine Augen aufhob und hinschaute, siehe, da hatte sich ein Widder mit seinen Hörnern hinten im Gestrüpp verfangen. Da ging Abraham hin, holte den Widder und brachte ihn anstelle seines Sohnes als Brandopfer dar. (14) Dann benannte Abraham jenen Ort »Jahwe sieht«, so daß man heute noch sagt: »Auf dem Berge, wo Jahwe gesehen wird.«

(15) Da rief der Engel Jahwes den Abraham zum zweiten Mal vom Himmel her an (16) und sprach: »Ich schwöre bei mir, ist der Spruch Jahwes, darum, daß du das getan hast und mir deinen einzigen Sohn nicht vorenthalten hast, (17) will ich dich reichlich segnen und deine Nachkommenschaft überaus zahlreich machen wie die Sterne des Himmels und wie den Sand am Ufer des Meeres; und deine Nachkommenschaft soll das Tor deiner Feinde besetzen. (18) Und mit deiner Nachkommenschaft sollen sich segnen alle Völker der Erde, weil du auf meine Stimme gehört hast.«

(19) Dann kehrte Abraham zu seinen Burschen zurück, sie brachen auf und gingen zusammen nach Beerseba. Und Abraham blieb in Beerseba wohnen.

Die Erzählung und ihre Merkmale

Es ist eine bewährte Regel der Ausleger, daß sie ihren »Text« zuerst einmal auf ganz äußerliche Merkmale hin befragen. Ernstlich versehrt scheint die Erzählung nicht zu sein; nirgends ist eine Textlücke, die auf einen Verlust schließen ließe, nirgends eine Passage, die schwer oder gar nicht übersetzbar ist. Gleich am Beginn rückt der Erzähler seine Geschichte eng an frühere Widerfahrnisse Abrahams heran. Das geschieht freilich nur sehr allgemein und unpräzise, denn an welche »Ereignisse« dabei zu denken ist, wird nicht deutlich. Zweierlei ist daraus zu schließen. Wurde die Erzählung so locker, ja vage mit den vorausgegangenen Abrahamsgeschichten verbunden, so hat sie vorher einmal sicher für sich allein existiert. Andererseits ist klar, daß diese Bemerkung an ihrem Anfang die Erzählung in den großen Zusammenhang der Abrahamsgeschichten stellt, so daß sie jetzt in diesem Zusammenhang verstanden werden soll.

Wirklich auffällig ist aber der Schluß der Erzählung, denn auf den Anruf des Engels und auf die Benennung des Ortes durch Abraham, die sich doch wie ein Abschluß des Ganzen liest, ergreift der Engel unvermittelt »zum zweitenmal« (V 15) das Wort. Aus dem Engel redet ganz direkt das Ich Jahwes; er ist also für eine irdische Erscheinungsform Jahwes selbst zu halten. Hatte sich der erste Anruf Gottes darauf beschränkt, dem Abraham das Prädikat der »Gottesfurcht« zuzuerkennen, so holt der zweite, sich beinahe schon zu einer Rede entfaltend, viel weiter aus. Feierlich, fast schwelgend in Worten wird über Abraham die alte Verheißung erneuert, daß er zum großen und mächtigen Volk werden soll und daß sich in seiner Nachkommenschaft segnen werden alle Völker der Erde. Hier hat sich das Thema sichtlich gewandelt, denn die Auswirkung der Tat Abrahams weist jetzt in eine andere Richtung. In einer älteren Fassung war es der Erzählung darum zu tun, an einem extremen Fall zu zeigen, was es bedeuten kann, »gottesfürchtig« zu sein. Hier beschäftigt sich also der Erzähler mit dem Humanum Abrahams, das er zu vorbildlicher Bedeutung erhebt. Hinter dem Abschnitt V 15 bis 18 dagegen steht nicht mehr die Frage, wie denn der Mensch vor Gott recht ist. Jetzt wendet sich der Blick in die Zukunft. Der Erweis dieser Gottesfurcht bleibt keine Episode zwischen Abraham und seinem Gott. Er hat die Verheißung eines überschwenglichen Lebens für ferne Generationen. Übrigens ist auch ein Stilbruch hinter V 14 unverkennbar. Die Sprache dieses festlichen Finale ist eine völlig andere als die der eigentlichen Erzählung. Sie ist geradezu superlativisch und somit der ausgesprochen verhaltenen Sprache der eigentlichen Erzählung entgegengesetzt. Kurz, heute zweifelt wohl niemand mehr daran, daß man die Verse 15–18 für einen jüngeren Zusatz halten muß. Daß er aus Redewendungen besteht, die wörtlich oder fast wörtlich in anderen Zusammenhängen der Vätergeschichten wiederkehren, hat diese nachträgliche Weiterung in den Augen nicht weniger Ausleger entwertet. Wollte man an die Passage nur den Maßstab geistiger und künstlerischer Originalität anlegen, so würde sie tatsächlich schlecht abschneiden. Aber in theologischer Hinsicht kann es nicht gleichgültig sein, wenn die Erzählung von einer späteren Hand in den Horizont eines bekannten religiösen Vorstellungskreises, eben des von der Erzväterverheißung gerückt wurde. Stellt sich hier nicht eine verhältnismäßig tief einschneidende Neuinterpretation der alten Erzählung vor? (Siehe unten S. 33 und 37)

Bliebe nur noch – wir erwähnen nur das Wichtigste – das Moria-Problem in V 2. Im hebräischen Text ist zwar keine Unebenheit oder sonst ein Bruch zu bemerken. Aber schon das wiegt schwer, daß wir, die wir den geographischen Umkreis der Abrahamsgeschichten einigermaßen kennen, von einem »Land Moria« nichts wissen. Tatsächlich hat es nie ein »Land Moria« gegeben. Ebenso auffällig ist es, daß schon die alten Übersetzer das Wort Moria gar nicht gelesen zu haben scheinen. Leider können sie uns mit ihrer Übersetzung auch nicht weiterhelfen. So erscheint es sicher, daß an dieser Stelle noch in verhältnismäßig später Zeit herumgeschrieben wurde und daß eine ältere Ortsangabe nachträglich übermalt wurde. Einen Berg Moria erwähnt das junge Chronistische Geschichtswerk und meint damit den Berg, auf dem Jahwe in Jerusalem dem David erschienen und wo dann der Tempel gebaut worden war

(2. Chron. 3,1). So ist die Annahme wohl kaum zu umgehen, daß man in einer späteren Zeit, die wir leider nicht mehr bestimmen können, der Meinung war, daß der Ort, an dem Isaak auf den Altar gelegt worden war, der Berg des späteren salomonischen Tempels in Jerusalem war. Demnach haben also in einer viel späteren Zeit (priesterliche?) Kreise in der Hauptstadt diese Abrahamserzählung als eine spezifisch altjerusalemische Überlieferung verstanden.

Diese Spuren einer nachträglichen Bearbeitung lassen nur ahnen, wie diese Erzählung Israel beschäftigt hat und wie man ihr auf verschiedene Weise einen Sinn abzugewinnen versuchte. Trotzdem wäre es falsch, wenn man annehmen wollte, daß die Erzählung sozusagen dauernd in Bewegung gewesen sei und daß es deshalb wenig Sinn habe, bei einem so anonym durch die Zeiten gehenden Stoff sich auf eine bestimmte Ausgestaltung zu konzentrieren und gar nach deren Verfasser zu fragen. Unbeschadet der erwähnten Änderungen stellt sich die Erzählung nach Stil und Inhalt in einer Geschlossenheit dar, die auf alle Fälle das Ergebnis eines starken Kunstwillens ist. Derlei entsteht bei der Weitergabe von Erzählungsstoffen nicht von selber. Eine solche Erzählung kann nur von einem einzelnen Erzähler gestaltet worden sein und zwar, wie wir noch sehen werden, von einem Erzähler höchsten Ranges. Daß wir seinen Namen nie erfahren werden, wundert den nicht, der etwas von den Literaturen alter Völker weiß. Schwerer schon fällt es ins Gewicht, daß das ganze Alte Testament keine Andeutung darüber enthält, wie wir uns den Stand solcher Erzähler vorstellen müssen. Beneidenswert die Homerforschung, die sich heute nach langem Zögern wieder in der Lage sieht, die Ilias dem Homer als einer geschichtlichen Dichterpersönlichkeit zurückgeben zu können! Wir können leider nur sagen, daß die Erzählung dem Elohisten zugehört, jener pentateuchischen Quellenschrift, die wir wegen bestimmter

Merkmale von dem sogenannten Jahwisten trennen. Wir haben also zur Bezeichnung für diese großen literarischen Quellenwerke nicht viel mehr als eine wissenschaftliche Chiffre anzubieten. Setzen wir die Abfassung dieser Sammelwerke etwa um 900 v. Chr. an, so bedeutet das, daß schon für sie die Ereignisse der Väterzeit der fernsten Vergangenheit zugehörten. Deren Zeit auch nur einigermaßen genau zu bestimmen, ist fast aussichtslos, denn einige wandernde Kleinviehnomaden haben natürlich keine erkennbaren Spuren in der Geschichte hinterlassen. Setzt man die Zeit Abrahams, wie das vorgeschlagen wurde, schon in die erste Hälfte des zweiten vorchristlichen Jahrtausends, so muß man sich klar machen, daß mindestens sechs Jahrhunderte zwischen ihm und unseren Abrahamerzählungen liegen! Aber auch wenn man Abraham wesentlich später ansetzt, so sind es immer noch Jahrhunderte, die zwischen den Genesiserzählungen und ihrem Gegenstand liegen. Aber wie man auch den Abstand bestimmen mag – diese Erzähler waren ja überhaupt nicht am historisch Authentischen interessiert. Vielmehr stellten sie die Ereignisse der Vergangenheit ganz unbefangen in den Horizont der religiösen Vorstellungen ihrer eigenen Zeit hinein. Gewiß haben sie sich dabei auf älteres Überlieferungsmaterial gestützt; aber wir sind noch weit davon entfernt, uns vorstellen zu können, wie sie mit dem älteren Material umgegangen sind, was sie etwa dazugetan und wie sie es geprägt haben. Man mag den Anteil der Sammler an den Stoffen hoch oder relativ gering einschätzen, fest steht auf alle Fälle, daß eine so bunte Welt von Erzählungen nicht dem künstlerischen Gestaltungstrieb einiger weniger origineller Köpfe entspringt. Sie setzt in jedem Fall eine auf breiter Basis gepflegte Erzählerkultur voraus, deren Träger wir nur ahnen können. Insofern ist also die Geistigkeit und die künstlerische Gestaltung unserer Geschichte eben doch nicht das ausschließliche »geistige Eigentum« eines Erzählers.

Wir wollen zunächst an unserer Geschichte einige charakteristische Merkmale dieses hebräischen Erzählens bedenken.

Den hebräischen Erzählungsstil, sonderlich in den Erzvätergeschichten, glauben wir gut zu kennen; er liegt uns derart im Ohr, daß wir ihn – würde man uns raten lassen – mit Leichtigkeit aus vielen Beispielen aus dem Bereich anderer Literaturen heraushören würden. Aber das heißt noch nicht, daß wir nun auch Auskunft geben könnten über die charakteristischen Merkmale dieses Erzählens, also darüber, wie hier dargestellt, wie hier, etwa im Unterschied zu ganz anderen Möglichkeiten der Darstellung, eine Wirklichkeit erzählerisch beschworen wird.

In dieser Frage hat uns eine kleine Studie einen erheblichen Schritt weitergeführt, nämlich eine genaue Vergleichung einer von Homer erzählten Szene gerade mit unserer Geschichte von Abrahams Opfer.[4] Bei Homer – es handelt sich um die Szene, wie der heimgekehrte Odysseus zuerst von der alten Schaffnerin beim Waschen seiner Füße erkannt wird – bei Homer geht die Darstellung unvergleichlich mehr ins Einzelne; der äußere Raum, in dem sich das Geschehen begibt, wird aufs genaueste ausgemalt. Auch die Nebenumstände werden bis in alle Winkel ausgeleuchtet und erscheinen in präzisen Konturen. Nichts, auch nur beiläufig Erwähntes, soll im Dunkel bleiben; alles wird ins Helle, Vordergründige gerückt, wird »tastbar und sichtbar«. Das betrifft aber nicht nur die äußeren Umstände. Ebenso werden auch die Gefühle und die Gedanken der handelnden Personen ausgebreitet. »Ohne Rest« teilen sie das mit, was sie gerade bewegt. Mit einem Wort, Homers Bestreben geht dahin, möglichst alles, was geschieht und was vorhanden ist, dem Dunkel zu entreißen und es anschaulich darzustellen.

[4] E. Auerbach, Mimesis (1967[4]), Die Narbe des Odysseus S. 6–27.

Wie völlig anders liegen die Dinge bei unserem biblischen Erzähler! Im Unterschied von Homer ist hier »ohne jeden sinnlichen Zauber« erzählt. Schon der Anfang läßt eine Reihe von Fragen unbeantwortet. Wo befand sich Abraham, als er angerufen wurde? Im Hause, auf dem Felde? Geschah es tags oder nachts? Vor allem aber: wie sollen wir uns den Vorgang des Anrufs vorstellen? Als eine Gotteserscheinung, oder als den Ruf einer inneren Stimme, oder geschah es im Traum? Auch das »hier, ich!« Abrahams sagt ja über den Ort gar nichts aus; es bezeichnet überhaupt keine äußere Lokalität, sondern, wie man richtig gesagt hat, »den moralischen Ort« Abrahams vor Gott, seine Bereitschaft, zu hören und zu handeln. Dann waren Vater und Sohn mit ihren Knechten drei Tage unterwegs. Auch hier bleibt, angefangen beim Landschaftlichen, alles unanschaulich; es ist »wie ein Schreiten durchs Unbestimmte«. Am dritten Tage »hob Abraham die Augen auf« und sah »die Stelle von ferne«. Das ist alles, was wir über das Landschaftliche erfahren. Es mußte das am Morgen gewesen sein, denn an diesem Tag mußte die Stelle ja noch erreicht, ein Berg bestiegen und mußten auch alle Vorbereitungen zur Darbringung eines Opfers getroffen worden sein. Wohl hat der Erzähler einiges getan, um gerade die lange Wanderung unvergeßlich zu machen. Man stutzt doch ein wenig, wenn uns der Erzähler trotz seiner strengen Beschränkung auf das Notwendigste so genau über die Verteilung der mitzunehmenden Gegenstände informiert. Das Brennholz wird Isaak zugewiesen, Abraham selbst trägt das Gefährliche, an dem sich der Knabe verletzen könnte: das Messer und das Feuerbecken. So weich, so fürsorglich war der Mann, der sich zu einer Tat von unvorstellbarer Härte rüstete!

Und dann das Gespräch, das der Knabe – offenbar nach langem Schweigen – eröffnete. Isaak ist kein kleines Kind mehr; er weiß Bescheid und stellt eine Frage, der er offenbar lange nachgehangen ist: Alles ist für diese Unternehmung bedacht worden; aber wo ist denn das Opfertier? Wer meint, hier sei der Ort, an dem der Erzähler endlich einen Blick in das Innere der beiden Wanderer tun läßt, wird enttäuscht sein, denn nichts dergleichen geschieht. Aber würde uns das Gespräch ebenso ans Herz greifen, wenn der Knabe von seiner Angst und der Alte von seiner Bedrängnis gesprochen hätte? Das ist doch das Wunderbare, daß es eigentlich ein Alltagsgespräch ist, das über Abgründe hingeht und das Schreckliche nur gerade und beinahe ahnungslos anrührt. Über die Antwort des Alten auf die kluge Frage des Kindes hat man viel nachgedacht. Und wahrhaftig, das soll man auch. »Gott wird sich das Lamm zum Opfer ersehen«. Ist das nun eine Notlüge, oder umgekehrt der Ausdruck von Abrahams unerschütterlicher Gewißheit, daß alles zuletzt doch noch ein günstiges Ende nehmen werde? Keines von beidem! Abraham weicht der Frage nicht aus; er sagt wirklich die Wahrheit, die freilich das Kind nicht verstehen kann. Aber das Wunderbare ist, daß er dabei unbewußt doch zugleich mehr Wahres sagt, als auch er verstehen kann. Von da ab wird nichts mehr gesprochen. Bei der Zurichtung des Opfers geht der Erzähler noch einmal sehr ins Einzelne. Es ist, als verlangsame sich das Tempo des Erzählens von Wort zu Wort: Der Altar wird gebaut, das Holz aufgeschichtet, Isaak wird gebunden und auf den Altar gelegt. Dann – noch langsamer, denn das Auge hängt jetzt an jeder Bewegung! – streckt Abraham die Hand aus, und er ergreift das Messer, um Isaak zu schlachten. In der nächsten Sekunde mußte das Messer das Kind treffen.

Nun dürfen wir uns natürlich nicht damit begnügen, einiges Charakteristische dieser Erzählweise nur eben festgestellt zu haben. Es müßte noch deutlicher werden, welche Gründe wohl dafür bestimmend waren, daß das Geschehen gerade so und nicht anders dargestellt wurde und wohin die Erzählung, gerade so wie sie ist, den Leser führen will. Die Frage würde sich natürlich erledigen, wenn wir die Charakteristika der Erzählung einfach negativ, also mehr als Unbeholfenheiten zu beurteilen hätten, also gewissermaßen als eine letztlich dann doch unbefriedigende Vorstufe jener Beherrschung aller darstellerischen Möglichkeiten, in deren Vollbesitz wir Homer sich so überlegen bewegen sehen. Man kann getrost sagen, daß auch unser Erzähler auf seine Weise in der Darstellung von etwas Geschehenem und Erlebtem etwas Äußerstes erreicht hat. Und ebenso sicher ist, daß unser Erzähler nicht wählen konnte zwischen verschiedenen Möglichkeiten der Darstellung, daß er das, was er zu sagen hatte, nicht im homerischen Stil hätte sagen können. Seine Darstellung ist also von der Sache, die er im Auge hat, unmöglich zu trennen. Man hat gesagt, daß diese Erzählweise »hintergründig« ist. Während Homer alles ins Licht des Vordergrundes rückt und den Dingen, Worten und Gefühlen deutliche Konturen gibt, geht unser Erzähler viel weniger aufs Sinnenfällige aus; seine Kunst besteht vielmehr darin, durch eine Darstellung, die im Blick auf das Gefühlsmäßige geradezu asketisch ist, eine Welt von Gefühlen zu beschwören. Ohne ins Wort hereingeholt zu werden, sind das Erschrecken beim Anhören des Befehls, die tödliche Trauer auf dem Weg, die Versuchung, wieder umzukehren, die Angst des Kindes und die unausdenkbare Freude am Ende intensiver gegenwärtig, als wenn das in Worten ausgemalt worden wäre. Viel steht hier zwischen den Zeilen. Die Dinge scheinen nur eben »angerührt«. Aber gerade durch seine Verhaltenheit bietet der Erzähler einen weiten Raum an, den der Zuhörer mit seiner eigenen Vorstellungskraft betreten und ausfüllen kann. Gerade durch das Nichtgesagte – ebenso im Blick auf Abraham wie auf Isaak – wird eine Welt widerstreitender Gefühle dem Leser aufs intensivste gegenwärtig. Er müßte ja ein Stein sein, wenn er sich nicht von jener Dimension menschlichen Erlebens ergreifen ließe, die von unserem Erzähler auf eine so merkwürdig indirekte Weise beschworen wird.

Aber so ist es doch auch nicht, daß hier alles Wesentliche zwischen den Zeilen zu lesen sei. Von dem ganzen Geschehen hat der Erzähler doch nicht nur indirekt gesprochen, sondern auch sehr Direktes ausgesagt, und von dem müßte jede Ausdeutung ausgehen. Da steht gleich am Anfang – von größter Bedeutung für das Wirklichkeitsverständnis der Erzählung – der Satz von dem Einbruch Gottes in das Leben Abrahams. Da ist also einerseits eine Welt vorausgesetzt, in der man ißt und trinkt, wandert und ruht, sich ängstet oder sich freut, also eine Welt, in der die Geschehnisse nach erkennbaren Ursachen und Regeln ablaufen. Aber sie ist zugleich eine Welt, in der Gott Anstöße gibt und Bewegungen auslöst, also eine Welt, in der Gott jederzeit auf eine höchst bedrängende Weise präsent werden kann! Nie wird ein Erzähler eine solche Wirklichkeit derart in den Griff bekommen, daß alles aufgeht. Der Leser einer solchen Geschichte verschließt sich gerade ihrem Wesentlichen, wenn er das, was »wirklich« ist in der Wirklichkeit des Lebens, für etwas so Vordergründiges hält, daß man darüber, sofern man nur Augen im Kopf hat, schnell einig werden kann. Ein Blick in die Widerfahrnisse unseres Lebens belehrt uns ja auch heute keineswegs eindeutig darüber, worin wir denn die entscheidenden Realitäten, also das eigentlich Wirkende zu sehen haben. Homer sah das anders als unser Erzähler, und darum schilderte er auch anders. Genüge uns hier die Feststellung, daß die Darstellungsweise der biblischen Erzähler durch und durch abhängig ist von einer sehr spezifischen Gotteserfahrung und einer sehr spezifischen Welterfahrung. Das Geschehen, das unser Erzähler beschwört, – so war gesagt worden – sei »hintergründiger« als bei Homer. Eine Welt, die derart nach Gott hin offen ist, in die hinein sich so erschreckende göttliche Anstöße auswirken, hat ihre eigenen Aspekte, ihre eigene Erscheinungsform, und um sie – etwa in einer Erzählung – zu verdeutlichen bedarf es besonderer Mittel der Darstellung. Ist das nicht für viele biblische Erzählungen charakteristisch: einerseits erheben sie sich zu einer realistischen Plastik, die so von keiner antiken Literatur erreicht wurde, andererseits vermögen sie vieles an ihren Gegenständen offen zu lassen, als ob sie von ihnen Abstand hielten? Noch so packend geschilderte Ereigniszusammenhänge erscheinen in ihrem inneren Kräftespiel im Letzten doch nie als ein geschlossenes und restlos überschaubares Ganzes.

Versuch einer Deutung der Erzählung

An der Spitze der Erzählung als ihr erstes und wichtigstes Subjekt steht das Wort »Gott«. Aber dieses Offenbarwerden Gottes über Abraham bedeutet kein tröstliches Auflösen der Lebensrätsel, im Gegenteil, ihre äußerste Steigerung. War es denn klug vom Erzähler, den Inhalt der ganzen Geschichte schon im ersten Satz zu entschärfen? Denn das ist ja klar, erfährt man, noch bevor die Geschichte überhaupt begonnen hat, daß es sich um eine Versuchung handelte, die Gott veranstaltet hat, so werden damit die Gedanken des Lesers in eine ganz bestimmte Richtung in Bewegung gesetzt. Er wird von vornherein daran gehindert, sich auf eine gräßliche Sensation einzustellen. Insofern zerstört der erste Satz eine Spannung, noch ehe sie entstehen konnte, denn man weiß nun, daß Gott die Tötung des Kindes nicht wirklich gewollt hat. Aber zugleich wird eine andere Spannung erzeugt, nämlich die Frage, wie sich Abraham in der nun folgenden Erprobung verhalten wird. Der Erzähler hat – man muß sich das einmal klarmachen – mit dem ersten Satz eine nicht unkomplizierte Situation hergestellt. Uns, die Leser, hat er vorher gleichsam beiseite genommen und uns gesagt, worum es sich im Folgenden eigentlich handeln wird. Wir wissen also mehr als Abraham. Zugleich aber müssen wir uns mit allen Fasern unseres Verstehens in die Sicht hineinversetzen, die sich vor Abraham auftun mußte. Zwischen diesen beiden voneinander so tief geschiedenen Aspekten bewegt sich der Leser, ohne sich dessen ganz bewußt zu werden, hin und her bis zum Ende, wo auch für Abraham der eigentliche Sinn des Geschehens deutlich wird, und auch er das erfährt, was wir schon von Anfang an wußten, daß nämlich kein böser, sondern ein heilsamer Wille hinter dem erschrekkenden Befehl stand.

Aber was sollen wir uns dabei denken, wenn ein Erzähler sagt, daß Gott einen Menschen »versucht« habe? In Israel wußte jeder, was damit gemeint war. Man muß zunächst einmal ganz allgemein bedenken, daß die Alten schon die alltäglichen Widerfahrnisse nicht für so zufällig und auch nicht für so sprachlos gehalten haben, wie das heute die Menschen tun. Sie strichen angesichts der Frage nach dem Sinn, den ein Widerfahrnis haben könnte, nicht so schnell die Segel, weil sie wußten, daß in den Dingen und in den Geschehnissen eine Sprache ist, die zu verstehen man sich bemühen sollte. Natürlich erhoben sie nicht den dreisten Anspruch, alles und jedes, das ihnen zwischen Morgen und Abend widerfuhr, erklären zu können. Sicher mußte der Glaube auch immer wieder mit Unbegreiflichem fertig werden. Aber gerade bei schweren Schicksalsschlägen lag mindestens die Vermutung nahe, daß Gott sie dazu über den Menschen gebracht habe, um seinen Glauben, um seine Festigkeit, d. h. sein Festhalten an Gott, zu prüfen. So liest man doch auch im Buche Hiob, wie im Himmel ein Zweifel über die Echtheit der Frömmigkeit Hiobs geäußert wurde, und wie Gott daraufhin befahl, Hiob durch Leiden zu erproben. Hiob selbst weiß natürlich von der

Vorgeschichte seiner Leiden nichts. Uns aber setzt der Erzähler vorher ins Bild. Darin verfährt er also ganz ähnlich wie der Erzähler unserer Patriarchengeschichte. Die Weisheitslehrer Israels haben sich viel mit dem Gedanken einer Erprobung durch Gott beschäftigt.

Wen der Herr liebt, den weist er zurecht,
und er läßt leiden, den Sohn, den er gern hat.

Spr. 3,12

Mein Sohn, wenn du dich nahst, dem Herrn zu dienen,
so mache dich auf Versuchungen gefaßt.

Sir. 2,1

Gewiß, der Gedanke einer Versuchung durch Gott und der einer Erziehung decken sich nicht ganz. Aber darin berühren sie sich doch nahe, daß sie im einen wie im anderen Fall das Leiden bis zu einem gewissen Grad rational verständlich machen, eben als eine Veranstaltung Gottes, auf die der Mensch sich immer gefaßt machen sollte. Aber das wichtigste bei alledem war doch dies, daß Israel in der Lage war, auch widrige, ja ganz schreckliche Ereignisse auf einen heilsamen göttlichen Willen zurückzuführen und aus einer gütigen göttlichen Hand zu nehmen. Das heißt freilich noch lange nicht, daß damit alles Schwere entschärft wurde. Leiden hörte ja nicht auf, Leiden zu sein. Aber es hörte auch nie auf, den, dem es auferlegt war, ganz persönlich auf sein Gottesverhältnis hin zu befragen.

Aber die Versuchung Abrahams überstieg bei weitem alles, was man sonst in Israel unter Versuchung oder Prüfung verstehen mochte. Diese Versuchung ging nicht etwa von fremden Göttern aus, die zum Abfall verlockten, sie ereignete sich nicht auf dem weiten Gebiet des Geschlechtlichen, auch handelte es sich nicht um ein körperliches Leiden, dessen Sinn sich der Mensch erst zurechtlegen mußte, sondern um einen direkten Befehl Gottes, an dem es schlechterdings nichts zu deuten gab. Es wäre eine unerlaubte Abschwächung, wenn man annehmen wollte, es habe sich da nur um eine innere Anfechtung gehandelt, sozusagen um Gewissensskrupel, die sich Israel angesichts der Kinderopfer gemacht habe, die bei seinen kanaanäischen Nachbarn gelegentlich dargebracht wurden. Die Erzählung wäre dann die Antwort, die sich Israel auf seine eigene innere Unsicherheit gab: Nein, der Gott Israels will nicht den Tod sondern das Leben. Aber mit dieser Deutung wäre der großen Härte der Erzählung etwas Entscheidendes ausgebrochen. Wahr daran ist nur, daß der Stoff unserer Erzählung tatsächlich einmal von einem kultischen Kinderopfer gehandelt hat. Es zweifelt heute kaum mehr jemand daran, daß eine ferne Frühform unserer Erzählung die Erinnerung an eine von der Gottheit angeordnete Auslösung eines Kinderopfers durch ein Tieropfer aufbewahrt hat, daß sie also als eine sogenannte Kultlegende eines Heiligtums anzusprechen ist. Dafür spricht nicht zuletzt die – inzwischen bezeichnenderweise dem Text verlorengegangene – Benennung der Stätte mit einem Ortsnamen, die in einer lokalen Kultlegende nicht fehlen durfte.[5] Aber von alledem ist in den Auslegungen unserer Erzählung schon fast zu viel die Rede, denn diese Frühform hat mit der Jetztgestalt der Erzählung kaum mehr gemeinsam als die Historie von dem Schwarzkünstler Dr. Faustus mit der Faustdichtung von Goethe. Im Verständnis der jetzigen Erzählung werden wir durch die Kenntnis der Vorgeschichte des Stoffes kaum gefördert. Mag man den Erzählungsstoff für das Dokument einer Humanisierung des Jahwekultes halten, so ist er inzwischen weit über den kultischen Bereich und seine Ordnungen hinausgewachsen, und damit hat sich sein Sinngebäude total verändert. Kein Mensch wird den Ersatz eines Kinderopfers durch ein Tieropfer als das Anliegen unserer jetzigen Erzählung bezeichnen wollen.

[5] So z. B. 1. Mos. 16_{14}, Jos. 5_{9}, Ri. 6_{24} u. ö.

Daß ein Mensch im Zwang irgendwelcher Umstände sich genötigt sieht, sehenden Auges sein eigenes Kind zu töten – damit haben sich Erzähler in aller Welt beschäftigt. Auch im Alten Testament findet sich dafür ein Beispiel in der Geschichte von Jephta und seiner tapferen Tochter. Ein (unbesonnenes?) Gelübde hatte den Vater dazu verpflichtet, sie zu opfern. Das Mädchen anerkennt die Notlage des Vaters und erbittet nur einen kurzen Aufschub (Ri. 11,30–40). Solch ein Stoff mochte die Erzähler schon allein deshalb gelockt haben, weil hier eine äußerste Form menschlicher Bedrängnis und inneren Konfliktes darzustellen war. Aber bei näherem Zusehen hat unsere Abrahamgeschichte auch damit nur sehr wenig gemeinsam.

Besonders in der kirchlichen Unterweisung hat man die Erzählung von Abrahams Opfer ganz allgemein als Veranstaltung einer harten Gehorsamsprobe verstanden. Sofort aber verfehlt man ihren Sinn, wenn man den Gehorsam, wie es oft geschehen ist, als etwas Absolutes, als einen Selbstwert verstehen wollte, also als eine Tugend, deren Vorhandensein an sich festgestellt werden soll. Leider haben sich die Ausleger seit Anbeginn immer wieder in diese Richtung abdrängen lassen, manchmal, indem sie den Abraham geradezu als einen wahren Gehorsamsathleten darstellten. Der im hellenistischen Alexandria lebende Religionsphilosoph Philo weiß, daß sich Abraham beim Anhören des furchtbaren Befehles nicht einmal verfärbt habe. Abgesehen davon, daß hier offenbar das ganz unalttestamentliche Leitbild von der stoischen Selbstbeherrschung des Philosophen hereinschlägt – eine solche Auslegung steht in der Gefahr einfach unmenschlich zu werden. Könnte man den Vätergeschichten Israels etwas Schlimmeres antun? Nicht um den Gehorsam ganz im allgemeinen geht es, sondern um einen bestimmten Gehorsam, um den Gehorsam in einer bestimmten und allerdings extremen Situation.

Natürlich soll sich jeder der Not der ganz elementaren Vatergefühle Abrahams aussetzen. Aber in Isaak ging es um viel mehr als das einzige Kind eines Vaters, denn er war ja das Kind einer sonderlichen Verheißung. Alle Heilspläne mit dem künftigen Volk Israel, von denen Gott schon zu den Vätern gesprochen hatte, standen und fielen mit dem Leben Isaaks. Der Leser muß sich daran erinnern, wie zögernd sich diese Verheißung im Leben Abrahams erfüllt hat, wie ihre Erfüllung vor Abraham immer aufs neue in eine vage Zukunft zurückzuweichen schien. Als endlich das Kind des Alters geboren war, sollte es geopfert werden! Was war nun von den Versprechen Gottes, daß der Same Abrahams zum großen Volke werden, ja daß in ihm dereinst sogar »alle Sippen der Erde« gesegnet werden sollten, zu halten? Mußte nicht mit dem Befehl, den Isaak zu opfern, vor Abraham die ganze Vergangenheit und die ganze Zukunft des göttlichen Handelns und Geleitens in sich zusammenstürzen? Sein Glaube mußte durch diesen Selbstwiderspruch in eine geradezu tödliche Verwirrung hinabstürzen. Mußte ihm nicht, so fragen wir nocheinmal, mit einem Schlag Gott unglaubwürdig geworden sein? Aber die Erzählung weiß es anders. Abraham ließ Gott nicht fahren. Im Gegenteil, er war gehorsam und ging in die Nacht, die Gott vor ihm auftat, hinein.

Oder sollen wir es uns doch anders vorstellen? Könnte es nicht so gewesen sein, daß nicht einmal der Befehl, das Kind zu opfern, imstande war, das Vertrauen Abrahams zu Gott zu stören? War Abraham vielleicht doch dessen sicher, daß Gott auf irgend eine Weise seine Zusage wahr machen würde? So hat es jedenfalls der Verfasser des Hebräerbriefes aufgefaßt:

> Durch Glauben hat Abraham den Isaak dargebracht, da er versucht ward; ja seinen einzigen Sohn brachte er dar, der die Verheißungen empfangen hatte, zu dem gesprochen war: In Isaak soll dein Name ge-

nannt werden, indem er bedachte, daß Gott imstande ist auch von den Toten zu erwecken; und deshalb erhielt er ihn auch gleichnisweise zurück.

(Hebr. 11,18 f.)

Diese Deutung, der sich auch Luther anschloß, versteht die ganze Begebenheit aus dem Horizont des jungen Christenglaubens und seiner Auferstehungshoffnung heraus. Sie soll nicht als eine authentische Auslegung unserer Genesiserzählung aufgefaßt werden. Die Geschichte von Abrahams Opfer ging damals von Mund zu Mund und von Deutung zu Deutung. Der christliche Prediger, der im Hebräerbrief zu uns spricht, mußte sie nicht erst in der Genesis nachlesen. Deshalb war er sich auch schwerlich bewußt, daß er sich mit seiner Deutung erheblich von dem entfernt hatte, was der alte Erzähler hatte darstellen wollen, denn daran, daß Abraham auf die Auferstehung von den Toten ausgeschaut habe, hat jener bestimmt nicht gedacht. Darum steigerte sich ja auch der Dialog Hiobs mit Gott bis zum Blasphemischen, denn auch ihm öffnete sich kein Ausblick auf eine Gemeinschaft mit Gott jenseits des Todes. Es gab kein Aussteigen aus dem unbeschreiblich bedrängten Jetzt. War Gott wirklich für ihn, und das war für Hiob fraglich geworden, so mußte er das hier und jetzt erfahren.

Aber Abraham hat nicht, wie Hiob es tat, Gott seine Not ins Angesicht geschrieen. Er hat geschwiegen, und dieses lange Schweigen droht dem Ausleger zu dem eigentlichen Rätsel der Erzählung zu werden. Schweigen ist noch vieldeutiger als es Worte sein können. So ist es nicht verwunderlich, daß schon im Altertum manche von denen, die die Geschichte nacherzählten, dieses strenge Schweigen einfach nicht ausgehalten haben. So weiß z. B. der jüdische Historiker Josephus (1. nachchristliches Jahrhundert) von einer pathetischen Rede zu berichten, mit der sich Abraham nach der Errichtung des Altars an Isaak gewendet habe: Wie habe er diesen

Sohn ersehnt! Aber nun müsse er ihn Gott im Opfer zurückgeben. Isaak solle sich fassen und in die Opferung ergeben. Der »edle Isaak« nahm die Worte seines Vaters freudig (!) auf. Er würde sich ja auch unterworfen haben, wenn es sich nur um den Willen seines Vaters gehandelt hätte; nun aber habe Gott selbst das Opfer befohlen . . . Nun, hier wird der Leser reichlich bedient. Er braucht sich nicht mehr dem quälenden Schweigen Abrahams auszusetzen. (Wie merkwürdig und zugleich gefährlich ist doch dieser uralte Drang der Späteren, die Sache nach irgend einer Richtung hin zu steigern!) Der Leser, den das lange Schweigen Abrahams anfocht, wird zugeben, daß hier nun umgekehrt zuviel der Worte gemacht wurden. Auch Luther wunderte sich, daß nichts von einer Erklärung Abrahams mitgeteilt werde, und meint, daß Abraham zu Isaak vor allem von dem »Hauptstück« gesprochen habe, nämlich von dem Gebot Gottes und der Auferstehung der Toten. Das ist nun freilich nicht ohne Großartigkeit; aber damit geht Luther weit hinaus über den religiösen Vorstellungkreis, in dem unser Erzähler lebte. Daß Abraham, bevor er ihn auf den Altar gelegt hat, etwas zu Isaak gesagt haben muß, ist klar. So hat es sich ja auch Rembrandt vorgestellt, als er gerade diese unausdenkbare Szene dargestellt hat. Warum hat unser Erzähler darüber geschwiegen? Zunächst wird man zu bedenken haben, daß Isaak für ihn – im Unterschied zu späteren Auslegungen! – überhaupt keine Hauptperson war. Und gibt es für einen Erzähler nicht auch Dinge, die immer noch besser in einem Schweigen aufgehoben sind als in den bestgemeinten Worten? Wahrhaftig, es gibt Situationen, in denen das Schweigen besser redet, als Worte es vermögen.

Würde der Leser dieses Schweigen Abrahams nicht aushalten, so würde er an einer entscheidenden Aufgabe, die ihm der Erzähler zugeschoben hat, versagen. Was unter der Decke dieses Schweigens vorgegangen ist, das gerade muß er sich vergegenwärtigen, wenn er nicht am Wesentlichen vorübergehen will. Isaak, so sagten wir, war für Abraham mehr als ein geliebtes Kind. In ihm war ihm ein göttliches Heil anvertraut, ein »Segen«, der noch die fernsten Generationen in seinen Heilsbereich einbeziehen sollte. Schlicht gesagt: Isaak war für ihn die Bürgschaft, daß Gott für ihn und alle die Seinen da sein wollte. Hatte sich Abraham bei seiner Berufung und seinem Auszug von seiner Vergangenheit getrennt, so mußte er jetzt seine ganze Zukunft mit Gott opfern. So überstieg also die letztere Zumutung die erste bei weitem, denn nun widersprach sich Gott aufs unerträglichste. Setzte er damit, daß er seine feierliche Verheißung zurücknahm, nicht seine ganze Vertrauenswürdigkeit aufs Spiel? Aber Abraham – so unser Erzähler – trat den Weg in jenes entsetzliche Dunkel hinaus an. Stürzte ihm die Hoffnung zusammen, so blieb ihm doch der Gehorsam, den er Gott schuldig war. Genau daraufhin feiert ihn zuletzt die Stimme vom Himmel als »gottesfürchtig«. Gottesfurcht ist hier ein anderes Wort für »Gehorsam«, allenfalls für »Frömmigkeit«. Abraham hat also den Selbstwiderspruch Gottes ausgehalten. Er hat nicht, wie Hiob es tat, Gott einfach das Recht bestritten, derart an ihm zu handeln, sondern auch in dem äußersten Dunkel, das es für ihn geben konnte, an Gott festgehalten. Das ist die Aussage des Schweigens Abrahams.

Aber es bleibt noch manches, das unter der Decke dieses bis zum Ende durchgehaltenen Schweigens in Abraham vorgegangen sein muß, dem unsere Gedanken, so weit sie es vermögen, nachhängen. Daß am Ende, also nach dem Abfallen der unausdenkbaren Last, kein Freudenlaut hörbar wird, das gehöre zu der antiken Großartigkeit der Erzählung, meint ein Ausleger, und wir folgen ihm darin.[6] Aber vorher? Es war, so sagten

[6] O. Procksch, Die Genesis (1924$^{2.3.}$) S. 319.

wir, das Schweigen des Gehorsams. Aber was in diesem Schweigen des Gehorsams noch alles Raum haben konnte, das haben Rembrandt und Kierkegaard, jeder auf seine Weise angedeutet. Besonders der Letztere hat verschiedene Möglichkeiten höchst geistreich durchgespielt. Auch Luther ist weit entfernt davon, sich Abraham als einen auf seine Selbstbewahrung bedachten Stoiker vorzustellen. Auf eine ergreifende Weise malt er sich die Anfechtungen aus, denen Abraham preisgegeben war. Aber das ist nun die Frage: Konnte denn Abraham, so wie es sich Luther vorstellt, in aller Angefochtenheit doch noch der ganz unbeirrbar Glaubende, der sich an der Verheißung Festhaltende geblieben sein, also der gleiche Abraham, der vorher zum Sternenhimmel aufgesehen und geglaubt hatte (1. Mos. 15,5 f.)? Was blieb ihm denn anderes als eine sternenlose Nacht? Vollzog er das Opfer, so erlosch ihm das Licht, das Gott in sein Leben gestellt hatte. Vollzog er es nicht, so war er an Gott gescheitert. Der Ort, an den Gott ihn hinausgeführt hatte, war der einer Gottverlassenheit. Von einer alttestamentlichen Golgathasituation könnte man insofern sprechen, als sich vor Abraham eine Gottesfinsternis auftat, in der ihm die Macht und die Herrlichkeit des Waltens seines Gottes völlig entschwand.

Vielleicht haben wir überhaupt keine handliche theologische Bezeichnung für die besondere Art dieses Gehorsams, einfach deshalb, weil er singulär war. Abraham ist auf die prüfende Anfrage Gottes hin bereit, das gesamte ihm schon übereignete Heilsversprechen wieder in die Hände Gottes zurückzulegen, weil er keinen Grund sah, Gott diese Forderung zu verwehren. So sehr war er sich bewußt, daß die Verheißung eine freie Gabe gewesen war. Angesichts einer so extremen Situation, in die Abraham hinausgedrängt worden war, verspürt der Ausleger wenig Lust, sich die seelische Verfassung des Mannes bei diesem Geschehen genauer auszumalen. Wo in aller Welt fände er für dieses

Erleben Vergleichbares? Bei sich selbst würde er wenig entdecken, das seiner einfühlenden Phantasie behilflich sein könnte.

War bisher einiges von der Nacht einer Gottverlassenheit zu sagen, die Abraham umfangen haben mußte, so wäre die Erzählung doch völlig mißverstanden, wenn wir darin den Hauptgegenstand ihrer Darstellung sehen wollten. Im Gegenteil! Der Abgrund hat sich geschlossen, die Not wurde durchgestanden. Abraham hat die Bindung an Gott nicht abgeworfen, und dafür empfängt er aus dem Munde Gottes selbst das Ehrenprädikat eines Gottesfürchtigen, d. h. eines Gehorsamen. Aber noch mehr: Auf der Überwindung dieser Not liegt auch ein Segen. Das war doch das große Thema der zweiten Gottesrede (s. o. S. 13 und 14 f.). Jede durchgestandene Not hat wohl die Verheißung, zum Segen zu werden. Aber hier ist das doch anders gemeint: Der Vorhang hebt sich, und die Perspektive in eine unabsehbare Zukunft tut sich auf, denn der Segen dieses Gehorsams wird noch die fernsten Nachkommen erreichen. Hier ist Abraham nicht nur als Vorfahr gesehen. In der Rückschau der Späteren gewinnt er geradezu Heilsbedeutung für seinen »Samen«. Von jetzt ab kann sich jeder Nachkomme Abrahams sagen: Er hat's durchgestanden, und du stehst im Genuß des Segens, der über ihm ausgerufen wurde. Gerade dieser letzte Aspekt wird den Christen bewegen. Er wird daran denken, daß das Neue Testament einer ganz anderen Gestalt eine Heilsbedeutung zuerkennt, die den abrahamitischen Segen weit überbieten wird.

Der Erzähler und seine Absicht

Wir fragen erstaunt, wer war der Mann, der solches zu erzählen vermochte? Wir meinen mit dieser Frage jetzt nicht die nach Name, Wohnort und Zeit des Verfassers, denn die ist, wie wir schon sagten, nicht zu beantworten. Wir fragen vielmehr nach seinem geistigen Ort in der Geschichte des Glaubens seines Volkes. Nun, er war ein Mann, der um eine Gotteserfahrung, um eine Anfechtung äußerster Art wußte. Hier kommt alles darauf an, daß wir den Begriff der Gotteserfahrung wirklich ernstnehmen und nicht ins Allgemeine ausweichen. Da war nämlich nichts von jenem Dunkel, das ein anonymes Fatum für die Menschen hat, und vollends weit ab lag die Möglichkeit, daß da eine tragische Verstrickung im Spiele gewesen sei, denn der Befehl, das Kind zu opfern, war schlechterdings eindeutig und der, der den Befehl gab, war es auch. Es war der Gott Abrahams. Da ist also kein Dunkel außerhalb Gottes. Alles Dunkel, das Abraham überfällt, ist in Gott versammelt. Das ist nun wirklich ein erstaunlicher und für uns Heutige überraschender theologischer Ausgangspunkt der Erzählung. Aber das alte Israel dachte über das den Menschen im Leben erschreckende Dunkel insofern anders, als es außerstande war, eine in der Welt waltende böse Macht anzuerkennen, die sowohl Gott wie den Menschen objektiv gegenüberstand. Offenbar war es ihm leichter zu ertragen, daß sich ihm zu Zeiten sein Gottesbild verdunkelte, als die Macht und Freiheit seines Gottes von einem in der Welt vorhandenen selbständigen Bösen eingegrenzt zu sehen. So kommen also auch in dieser Erzählung Erfahrungen zur Sprache, die Israel in langen Zeiten bei seinen Begegnungen mit Jahwe eingebracht und intensiv bedacht hat. Erfahrungen, von dem Israel fordernden, ja vielleicht überfordernden Gott haben sich in einer verhältnismäßig schon vorgerückten Zeit in dem alten Erzählungsstoff bildhaft verdichtet. Es bedurfte schon einiger Zeit, bis es Israel möglich war, etwas so Verwirrendes, auf das es in der Tiefe seiner Gotteserfahrung gestoßen war, in einer so einfachen Erzählung ins Wort zu erheben. Viele Begegnungen mit dem sich Israel gebenden und zugleich sich verbergenden Gott haben an diesem Kapitel geschrieben. Darin liegt seine geschichtliche Authentizität und seine Wahrheit; nicht liegt sie in den vagen Spuren, die zum Ältesten in diesem Erzählungsstoff gehören und die vielleicht (vielleicht aber auch nicht) in die Zeit der Erzväter zurückreichen könnten. Hinter der Stimme, die sich aus dieser Erzählung an den Leser wendet, steht real geschichtlich Erfahrenes und vom Glauben als wahr Befundenes.

Wir müssen also festhalten, daß der Glaube Israels vorher lange und angestrengt auf die Hände Gottes geschaut haben mußte, ehe diese Erzählung so, wie sie uns heute vorliegt, geschrieben werden konnte. Dem aber scheint der Eindruck Calvins zu widersprechen, der von der wunderbaren Einfalt dieses Erzählens sprach (mira in narrando simplicitas). Erschienen uns die Hintergründe der Geschichte nicht viel komplizierter, so daß wir viele eher dem neueren Ausleger zustimmen müssen, der rundweg sagt, Genesis 22 sei »erzählte Theologie«?[7] Aber diese beiden Feststellungen müssen sich nicht notwendig widersprechen, denn die Erzählung, die sicher ein hohes Maß von theologischer Reflexion voraussetzt, ist tatsächlich von wunderbarer Einfalt. Die Reflexion selbst liegt hinter ihr; sie hat es nicht nötig, sich selbst zu entfalten, weil sie auf Tatsachen gestoßen ist, die sich letztlich doch ganz einfach erzählen lassen: Das Hereinbrechen der Gottesfinsternis über Abraham war eine Prüfung; der Gehorsam Abrahams wich davor nicht zurück.

Wer genauer zusieht, dem fällt auf, daß sich die Erzählung von Abrahams Opfer in einer Hinsicht von vielen der Erzvätergeschichten unterscheidet. Es muß wohl jeder Leser einmal die Verlegenheit durchgestanden haben, die darin besteht, daß er von den Erzählern so wenige oder gar keine Hinweise darüber erhält, was

[7] C. Westermann, Forschung am Alten Testament (1964), Arten der Erzählung in der Genesis S. 72.

er denn nun von den jeweils erzählten Geschehnissen zu halten habe, vor allem, wie denn nun das Verhalten der handelnden Hauptpersonen zu beurteilen sei. So war es doch etwa bei den Variationen des Themas von der Gefährdung der Ahnfrau (1. Mos. 12,10 ff.; 20,1 ff.; 26,7 ff.), so empfindet es der Leser vollends im Dickicht der Jakobsgeschichten. War denn all das Erzählte vor Gott recht? Aber in unserer Erzählung ist das ganz anders. Schon im ersten Satz wird der Leser über den Sinn des nun anlaufenden Geschehens unterrichtet, so daß er im Vorhinein schon weiß, wie Gott das alles gemeint hat. Und zum Schluß wird uns fast eine Art göttlicher Zensur mitgeteilt. Wo sonst wird noch irgendwo einer der Ahnen Israels so eindeutig beurteilt – nicht auf irgendeine indirekte Weise, die herauszufinden dem literarischen Feingefühl des Lesers überlassen bleibt, sondern so laut und so überschwenglich?

Jeder nachdenkliche Betrachter solcher Erzählungen weiß, daß sie niemals nur einen Sinn haben, daß sie also nicht wie Lehrfabeln dem Leser nur einen Gedanken anbieten. Hätte er es vergessen, so würden es ihm die beiden Abschlüsse, die die Geschichte bekommen hat, sagen, daß sie unter mehreren Aspekten gelesen werden kann. Nur zwei grenzen wir zum Schluß voneinander ab, obwohl sie doch auch ineinander übergehen.

Man kann nicht abstreiten, daß die Gestalt Abrahams im Sinne eines Vorbildes dargestellt wird. Es wird dem Leser nahegelegt, aus der Geschichte Folgerungen für sein eigenes Leben zu ziehen. Aber vielleicht doch nicht im Sinne einer direkten »Nachfolge«. Ja, es erscheint unwahrscheinlich, daß die Erzählung beim Leser eine »moralische« Aktivität auslösen will, eine Bemühung, sein Leben dem des Abraham gleichzugestalten. Kann man ihm denn überhaupt nachfolgen? Ist er nicht in der Härte seiner Anfechtung, wie Kierkegaard einmal von Hiob sagte, »ein Außenposten der Menschheit«? War es nicht einfach dies: Wer die Geschichte von der großen

Versuchung Abrahams hörte, der durfte bei allem Abstand doch auch sein Leben in dem Abrahams wiedererkennen. Seine Anfechtung war in der des Abraham mitenthalten, und somit durfte er sich geborgen fühlen. So mag man also ruhig etwas Lehrhaftes in der Erzählung feststellen. Es ließe sich etwa so paraphrasieren: Wenn Gott in seinen Führungen gegen sein eigenes Heilsversprechen aufzustehen scheint, wenn er gleichsam als sein eigener Feind sein Werk zu zerstören scheint, dann braucht Israel nicht zu erschrecken, denn Gott hat sich von ihm nicht abgekehrt. Es soll vielmehr wissen, daß Gott gerade darin seinen Glauben harten Prüfungen unterzieht.

Während unter diesem Aspekt die Versuchung Abrahams zwar als etwas Außerordentliches gilt, aber im Prinzip doch nicht als etwas Einmaliges, sondern als etwas, das sich in immer neuer Gestalt wiederholt, stellt sich die Sache in dem später angefügten zweiten Schluß (V 15–18) doch erheblich anders dar. Hier wird das Geschehen als etwas schlechterdings Einmaliges und Einzigartiges angesehen, ja es wird als ein Heilsgeschehen gefeiert. Der von Abraham dargebrachte Gehorsam setzte Heil für alle seine Nachkommen. Abraham gilt hier nicht nur als der Ahnherr seines Volkes. Das war er auch. Aber aus dem, was sich zwischen Gott und ihm auf Moria begeben hatte – grenzt es in dieser Sicht nicht an ein soteriologisches Mysterium? –, aus dem dargebrachten Gehorsam leitete Israel ein Heil her, dessen Empfänger noch die fernsten Nachkommen, ja sogar »die Völker der Erde« sein werden.[8]

Ob wir die Erzählung mehr unter dem einen oder

[8] Der Abschnitt v. 15–18 ist also in traditionsgeschichtlicher Hinsicht interessant. Er wiederholt fast schon formelhaft die Inhalte des Abrahamsegens. Die waren vorgegeben (1. Mos. 12_3, 15_5, 24_{60}, 28_{14}, 32_{13} u. ö.). Aber indem er die Abrahamverheißung von der singulären Bewährung Abrahams herleitet, hat er sie theologisch ganz neu unterbaut.

mehr unter dem anderen Aspekt lesen – das gilt in jedem Fall: sie beruhigt, indem sie aufregt; in ihrer Härte liegt ihr Trost.

Die Erzählung als ein Ärgernis

Blicken wir zurück auf die Erzählung, so wie wir uns ihren Gehalt glaubten zurechtlegen zu müssen, so ist doch eines ganz deutlich. Sie geht mit einer fast unheimlichen Kraft auf den Leser zu; sie macht es ihm einfach unmöglich, neutral zu bleiben. Diese Erzählung kann man nicht wie zahllose andere interessiert anhören, schon gar nicht kann man sich von ihr unterhalten lassen. Sie greift nach dem Leser, sie setzt ihm zu, weil sie um eine Wahrheit weiß, zu der unter allen Umständen Stellung genommen werden muß, ja mehr noch: zu der man sich bekennen muß. Könnte man sich dieser Wahrheit öffnen und ihr bei sich Raum geben, so wäre wohl alles einfach. Der Glaube wäre belehrt und gewissen Anfechtungen gegenüber gestärkt. Aber so einfach liegen die Dinge nun doch nicht. Die Schwierigkeit liegt nämlich darin, daß man die Erzählung gar nicht so haben will, wie sie ist. Sie weckt im Leser einen Widerstand auf, ja geradezu einen Protest. Die Geschichte der Auslegung dieser Erzählung enthält viele Beispiele dafür, wie man sie sich eigenmächtig zurechtgelegt hat und ihr – einmal auf eine feinere, einmal auf eine gröbere Art – ausgewichen ist. Gewann z. B. schon im Altertum die Auffassung Raum, daß der Satan es Gott eingeredet hatte, diese Versuchung über Abraham zu bringen, so ist eben damit doch der Sinn der alten Erzählung an einem entscheidenden Punkt abgebogen, denn damit war das Dunkle einigermaßen aus Gott herausverlegt (Jubil. 17,16). Israel aber hatte doch in der Erzählung eine Erfahrung ausgesprochen, die es an Gott und nicht am

Satan gemacht hat. Heute bedarf es freilich nicht mehr so gewundener Umdeutungen. Man ist so frei, die Erzählung im Ganzen abzulehnen.

Das ist doch merkwürdig! Der eigentliche Widersacher der Erzählung ist der Mensch, den sie anredet und dem sie helfen will. Er trägt ein so tief eingewurzeltes Leitbild von Gott in sich, daß er der Erzählung einfach das Recht bestreitet, so von Gott zu reden, wie sie es tut. Bei dieser Sache will er die Hand im Spiel behalten und mitbestimmen, denn er glaubt, es besser zu wissen, wie man angemessen von Gott redet. Bei Gott muß es doch feierlich zugehen, heilig und noch viel sittlicher als bei den Menschen, und deshalb protestiert man sowohl im Namen Gottes wie im Namen der Humanität gegen das, was die Erzählung zumutet. Es scheint also schwer zu sein, die Erzählung richtig zu lesen. Daß sich ein so anspruchsvoller Erzähler stumpf ergebene Zuhörer wünscht, wird keiner behaupten wollen. Aber er will sich auch nicht unterbrechen und dreinreden lassen. Er nimmt das Recht für sich in Anspruch, mit seiner Geschichte und ihrer Wahrheit auf den Zuhörer loszugehen. Wem sie nicht hart zusetzt, wem sie ohne weiteres einleuchtet, der muß sich fragen lassen, ob er ihr wirklich begegnet ist. Die Menschen reagieren also ganz richtig, wenn sie ihr Gottesbild von ihr infrage gestellt sehen. Aber liegen nicht am Rande des ganzen Weges, den Israel mit seinem Gott gegangen ist, die Trümmer so mancher Gottesbilder, die ihm zerschlagen wurden? Auch der Gott, von dem unsere Erzählung spricht, ist kein Gott, der von der Sinngebung der Menschen her sein Leben hat. Er kann nie zum Götzen der Menschen werden.

So kann also das Ärgernis, das wir an dieser Geschichte nehmen, sicher nicht allein von ihr verantwortet werden. Es muß sich bestätigen lassen von der Gottverlassenheit der Psalmbeter, von den Verzweiflungen Hiobs und dem Bildersturm der Propheten. Es muß sich bestätigen lassen von all den Stimmen in der Bibel, die darum wissen, daß der Mensch erst da in seinem Leben zur Sache kommt, wo er sich aus seinem selbstgezimmerten Gottesbild herausholen läßt, weil dieses sein Gottesbild im Grunde ein trostloses ist. Und das Menschenbild des alten Israel? Befragen wir seine großen Erzähler, die Propheten und die Psalmen, so bekommen wir wenig Grundsätzliches zu fassen. Der Mensch – nun, er ist das, was er im Gegenüber Gottes wird, was sein Gespräch mit Gott aus ihm macht. Israel wußte nichts von einem dem Menschen vorher gegebenen Maß. Unsere Erzählung zeigt uns einen Menschen, der durch eine ganz unfaßliche Zumutung Gottes weit über sein »Maß« und die den Menschen sonst zugänglichen Möglichkeiten hinausgehoben wird. Aber gerade darin wird in diesem Abraham eine ganz neue Weise des Menschseins vor Gott angedeutet; es ist das Bild eines Menschen, der in der Gottverlassenheit gehorsam ist. Insofern richtet die Erzählung in der Tat eine sehr kritische Frage an alle Humanität, wo immer sie sich absolut setzt.

Die Wirklichkeit, in der sich die Menschen des Alten Testaments bewegen, ist tiefer verschlüsselt, als Homer sie sah. Nicht nur deshalb, weil um die Menschen und die Dinge nie gelüftete Geheimnisse liegen. Sondern vor allem, weil Menschen und Dinge dem Handeln eines sich von Mal zu Mal tiefer verbergenden Gottes preisgegeben sind. Darum wird auch die Auslegung in ihrem Ringen um den Gehalt der Erzählung von Abrahams Opfer nie ein Ende finden. Immer neue Gesichtspunkte werden sich aufdrängen und immer neue Grenzen werden sich ihr in den Weg stellen.

Texte und Bilder

Der Leser soll sich nicht davon verwirren lassen, wenn er nun doch noch eingeladen wird, sich mit älteren Interpretationen unserer Abrahamserzählung (und sogar mit einer zeitgenössischen Satire) zu befassen. Damit soll die von uns erarbeitete Auffassung nicht nachträglich wieder nivelliert werden. Aber solche biblischen Texte sind doch in jedem Fall größer als unser ganzes Auslegen. Darum kann es uns nie gleichgültig sein, wie man vor uns die Geschichte gelesen hat. Und wenn es nur das wäre, daß jene Älteren in der Energie ihres aufs Zentrale gerichteten Verständniswillens ein Maß gesetzt haben, das als eine Verpflichtung auch über den Nachgeborenen steht.

Luther

Zehn Jahre lang, von 1535 bis 1545, hat Luther vor seinen Studenten die Genesis ausgelegt. Die ungeheure Stoffmasse dieser Vorlesung füllt allein drei Bände der Weimarer Ausgabe von Luthers Werken (Bd. 42–44). Der Text geht allerdings nicht unmittelbar auf Luthers Hand zurück. Es handelt sich vielmehr um die Verarbeitung mehrerer Kollegnachschriften von Schülern Luthers, vor allem von seinem ehemaligen Famulus Veit Dietrich. Der erste Band dieses großen literarischen Unternehmens erschien noch zu Luthers Lebzeiten und ist von ihm sogar mit einem kurzen Vorwort versehen worden. Man erfährt darin, daß Luther mit der Veröffentlichung seiner Vorlesung zwar einverstanden war, aber man sieht zugleich, daß er sich von sich aus zu einer solchen Veröffentlichung wohl kaum entschlossen hätte. »Ich fühle und befinde wohl leider allzuviel, daß solche wichtige Sachen, davon Moses schreibt, viel zu schwach und gering von mir gehandelt sind, da doch die Notdurft es wohl besser erfordert und mir auch besser zu machen gebühret hätte«. Unter solchen Umständen wird sich die Frage der Authentizität nie präzise entscheiden lassen. Doch eingehende Forschungen haben gezeigt, daß hier keineswegs Skepsis geboten ist. Können wir uns auch nicht für jeden Satz verbürgen, so stammen jedenfalls die die Auslegung tragenden theologischen Vorstellungen fraglos von Luther. Aber gerade auch im Wortlaut vieler Einzelpassagen wird auch das Ohr des weniger Geschulten die Stimme Luthers heraushören – unverwechselbare Formulierungen oder großartig ungeschützte Preisgaben seiner Gefühle. »So ist es Luther selbst, der zu uns spricht, und nur in Einzelheiten hat der Herausgeber den Ausdruck geformt« (E. Seeberg). Es ist die Stimme des alten Luther, die uns über den Umweg der Nachschrift seiner Schüler erreicht.

Luther hat, was damals nicht so selbstverständlich war wie heute, unsere Geschichte nach ihrem unmittelbaren Wortsinn ausgelegt, also nach dem sogenannten sensus historicus. Das heißt, daß er hinter dem Wortlaut der Erzählung keinen verborgenen – etwa allegorischen – Hintersinn sucht, wie er es selbst nicht selten bei seinen Auslegungen getan hat. Zu dem Inhalt der Erzählung gibt es nur diesen einen Zugang, eben den einfachen Sinn der Worte; eine andere Möglichkeit, verborgene Tiefen in ihr zum Reden zu bringen, gibt es für den Ausleger nicht. So hat Luther die Erzählung zunächst ganz einfach als die Niederschrift eines historischen Ereignisses verstanden, als eine wirkliche Begebenheit im Leben Abrahams, die Mose wahrheitsgetreu nacherzählt hat. Wir dagegen glaubten, der theologischen Reflexion einen viel größeren Anteil an der Entstehung der Erzählung zuschreiben zu müssen. Im Blick auf ihre außerordentliche Härte kommen beide Auffassungen wohl ziemlich auf dasselbe hinaus. Immerhin, eine theologische Reflexion, mag sie mit einem noch so verpflichtenden Anspruch auftreten, ist der Diskussion offener als der Bericht von einem biographischen Faktum.

Luther versteht das, was sich in unserer Geschichte abspielt, von seinen zentralen reformatorischen Erkenntnissen her. Auch er greift den Widerspruch auf, der zwischen der dem Abraham vorher gegebenen Verheißung und dem Befehl, den Isaak zu opfern, besteht. Ja, er durchlebt ihn in allen Tiefen, weil er hier das große biblische Problem des Verhältnisses von göttlichem mandatum (Gebot) und göttlicher promissio (Verheißung) in höchster Schärfe aufbrechen sieht. Darin besteht die an Abraham herangetretene Versuchung, daß sie ihn in Gefahr bringt, an der göttlichen Verheißung irre zu werden. Aber für Abraham stand sie unerschütterlich fest. Er hat keinen Augenblick daran gezweifelt, daß Gott auch nach der vollzogenen Opferung Isaaks seine Verheißung wahr machen werde. Die Auslegung gibt Luther Gelegenheit, seine gewaltigen Grundgedanken vom Wesen des Glaubens, von der Anfechtung, vom Leben und vom Tod immer neu zu variieren. In einem wahrhaft ergreifenden Maße werden ihm die Ereignisse der Erzählung gegenwärtig. Selber aufs tiefste erregt, begibt er sich mitten hinein in den Aufruhr im Herzen Abrahams. Bis in jede Einzelheit läßt er sich von den Widerfahrnissen aufs persönlichste betreffen, und er bekennt, daß er selber die Anfechtung so nicht hätte durchstehen können, wie das Abraham tat. (Welchen Ausleger nötigt heute die Größe eines Textes dazu, von der Begrenztheit und der Schwäche seines eigenen Glaubens zu sprechen?) Dem Abraham war ja eine äußerste Form der mortificatio, also der Tötung seines Fleisches auferlegt. Menschliches Leben vor Gott war für Luther immer zugleich auch ein Sterben, das der Mensch ganz persönlich auf sich nehmen, ja an dem er selbst tätig mitwirken muß, und doch ist es zugleich ein Durchdringen zum wahren Leben. Aber zum Gewagtesten, das Luther seinen Hörern zumutete, gehört doch der Gedanke, daß Gott bei diesem Töten und Lebendigmachen sein Spiel mit den Frommen treibe, daß er damit sich und den Engeln ein heiteres Schauspiel bereite (s. S. 54 ff.). Die Vernunft freilich kann dieses durchaus rettende Handeln Gottes am Menschen nicht wahrnehmen.

Die Vorlesung enthält neben ihren eigentlich theologischen Erörterungen auch allerlei Anspielungen auf zeitgeschichtliche Ereignisse, z. B. auf die Pest, die damals drohte, außerdem Auseinandersetzungen mit älteren Auslegungen, Polemik und auch philologische Bemerkungen. Sie wurde zuerst in lateinischer Sprache veröffentlicht (mit eingestreuten deutschen Passagen), so, wie Luther sie gehalten hat. Bald aber wurde sie ins Deutsche übersetzt. Die hier folgenden Ausschnitte sind der Übersetzung entnommen, die die bekannte Ausgabe von J. G. Walch – erschienen um die Mitte des 18. Jahrhunderts – darbietet.

Literatur: E. Seeberg, Studien zu Luthers Genesisvorlesung (zugleich ein Beitrag zur Frage nach dem alten Luther) Beiträge zur Förderung christlicher Theologie (36) 1932 S. 1–107; P. Meinhold, Die Genesisvorlesung Luthers und ihre Herausgeber 1936; D. Lerch, Isaaks Opferung christlich gedeutet. Eine auslegungsgeschichtliche Untersuchung 1950 S. 156–202.

Aus der Genesis-Vorlesung

Wir haben im vorhergehenden Kapitel gehört die schwersten und größten Anfechtungen, womit Abraham beladen worden ist, da er seinen Sohn Ismael hat müssen austreiben. Da ihm derselbe ausgetrieben ist, hat er unter dem König Abimelech guten Frieden gehabt. Bald aber darnach ist eine andere Anfechtung gekommen, welche sehr groß gewesen, dagegen die vorigen Anfechtungen schier nichts sind. Also stimmt nun die heilige Schrift allenthalben mit sich selbst überein und beschreibt die rechten, wahrhaftigen Kinder Gottes also, daß sie für und für wohl geübt und versucht worden sind, also daß sie zu beiden Teilen viel schwere Arbeit getan und daneben auch viel erlitten haben, doch ohne allen Schein und Gepränge der Zeremonien. Er zeiget also damit an, was die guten Früchte an einem guten Baum seien. Denn sie wandeln im rechten, schuldigen Gehorsam gegen Gott und in rechter Liebe gegen den Menschen und werden doch immer mit mancherlei Anfechtung und Gefahr überfallen.

Dieweil aber Abraham der Vornehmste und Größte ist unter den heiligen Patriarchen, muß er auch rechte patriarchische Anfechtung leiden, welche seine Nachkommen nicht hätten leiden noch ertragen können . . .

Derhalben ist damit Abrahams Herz viel härter verwundet worden denn droben, da er den Ismael hat müs-

sen austreiben. Wir aber können es nicht erreichen und verstehen, wie groß und schwer diese Anfechtung gewesen sei. Ursache ist dies, daß Isaak die Verheißung von dem zukünftigen Segen gehabt hat, darum denn dem Abraham dies Gebot, daß er ihn töten sollte, desto schwerer gewesen und ihm über alle Maßen sauer angekommen ist . . .

Nun habe ich gesagt, was Abrahams Versuchung gewesen sei, nämlich daß die Verheißung wider sich selbst gelautet habe. Darum leuchtet sein Glaube gar herrlich hervor in dem, daß er mit so willigem Herzen Gott gehorchet, der ihm gebietet, daß er ihm seinen Sohn opfern soll. Und ob es wohl dem Isaak gilt, und er getötet werden soll, so zweifelt doch Abraham an der Erfüllung der Verheißung gar nicht, ob er wohl nicht weiß, auf welche Weise sie werde erfüllet werden, wiewohl er nun erschrocken und furchtsam ist. Denn wie könnte in solchem Fall ein Vater anders tun? So hängt er doch fest an der Verheißung, nämlich daß Isaak noch werde Samen haben . . .

Abraham aber weicht hier nicht von der Verheißung, wiewohl sie strenge scheinet und wider sich selbst ist; denn es ist ja zwischen Tod und Leben kein Mittel, sondern er glaubt, daß sein Sohn, wenn er schon sterbe, doch gleichwohl werde Samen haben. Solches sollen wir auch lernen . . .

Darum hat Abraham den Artikel von der Auferstehung der Toten wohl verstanden und durch denselben allein hat er diese Gegenrede aufgelöst, welche man sonst nicht auflösen kann. Derhalben wird sein Glaube billig von den Propheten und Aposteln sehr gerühmt. Denn er hat also gedacht: Heute habe ich noch einen Sohn, morgen aber werde ich nichts haben denn Asche; wie lange aber dieselbe hin und wieder wird zerstreut liegen, weiß ich nicht; das aber weiß ich, daß sie wiederum lebendig werden wird, es geschehe gleich noch bei meinem Leben, oder über 1000 Jahre nach meinem To-

de. Denn das Wort saget, ich werde von diesem Isaak, der zu Asche werden soll, Samen haben.

Ich habe aber gesagt, daß wir diese Anfechtung nicht erreichen noch verstehen können, sondern daß wir sie nur von ferne sehen und ihr etwas nachdenken . . .

Von Sara sagt der Text nichts, ob sie auch etwa um dieses Gebot gewußt habe oder nicht. Abraham hat vielleicht, dieweil sie etwas schwach war und solch harten Sturm nicht hätte vertragen können, solch Ding vor ihr verhehlet. Denn es ist zumal ein hart und schwer Ding, daß der Text sagt: Du sollst mir deinen Sohn opfern, nicht zu einer Gabe oder Danksagung, wie man im Volke Israel die erste Geburt pflegte zu opfern, sondern zum Brandopfer, daß er ganz zu Asche werde, und der Vater seine Hände mit seines Sohnes Blut färben und besudeln müsse.

Was meinest du aber, daß Abraham hier in seinem Herzen wird gefühlet haben? Denn er hat ja Fleisch und Blut gehabt und ist, wie ich so oft gesagt habe, kein unfreundlicher Mann gewesen, der keine natürliche Neigung, Mitleiden und weiches Herz gehabt hat. Es wird ihm aber das die Schmerzen auch gemehrt haben, daß er diese Tat niemand hat dürfen offenbaren, sonst würde es ihm jedermann widerraten haben, und würde ihn der große Haufe, so es ihm widerraten hätte, vielleicht auch etwas bewogen haben. Derhalben macht er sich mit etlichen Dienern und dem Sohn allein auf den Weg. Es ist wahrlich ein hohes, schweres Gebot und viel härter, denn wir gedenken können. Und ist doch das gleichwohl voll Trostes, daß der Text klar saget, daß Gott solches nur versuchungsweise tue. Wo auch Abraham dasselbe gewußt, hätte er desto weniger Sorge gehabt. Nun ist er aber in diesen Gedanken gar verschlungen, daß sein Sohn wahrhaftig müßte geopfert und gewürgt werden, es werde die Verheißung erfüllet, wann und welcher Gestalt sie wolle . . .

Da stand Abraham des Morgens frühe auf *Vs. 3. Diese Historie ist wohl wert, daß man darinnen ein jegliches Wort fleißig erwäge und betrachte. Der Text sagt hier, Abraham sei des Morgens frühe aufgestanden. Er hat sich nicht lange gesäumt, hat nicht mit sich selbst disputiert noch gefragt, wie Adam im Paradiese tat, warum gebeut mir Gott, daß ich dies tun soll? Er hat weder seinem eignen Fleisch noch der alten Schlange gehorchet, ja er hat von dieser Sache auch mit seiner Sara nicht geredet noch ihr davon etwas gesagt; sondern da er das Gebot gehört hat, hat er daran gar nicht gezweifelt, sondern ist dahin stracks geeilet, solches Gebot auszurichten.*

Solches ist ein gar treffliches Exempel, damit hier ein rechtschaffener und vollkommener Gehorsam beschrieben wird, daß Abraham so gar bald und auf einmal aus den Augen hinwegtut und alles tötet, was ihm in diesem Leben lieb gewesen war, nämlich sein Haus, sein Weib, seinen Sohn, auf den er lange Zeit gewartet und so große, reiche Verheißung hatte. Darum wir uns denn der Heiligen im neuen Testament vergeblich verwundern und von ihrem Fasten und Kasteien ohne Verstand lesen. Denn sie mögen so heilig gewesen sein, als sie immer haben sein können, so werden sie doch, wenn man sie mit Abraham vergleichen will, gering sein und gleichsam stinken, wie hoch und heilig sie auch anzusehen seien ...

Solches sehen wir in den heidnischen Historien nicht und verstehen es wir Christen auch noch nicht genug; denn wir sind träg und faul, und glauben Gott nicht, da er etwas gebietet, droht, straft oder verheißt, sondern sind ohne Sinn und Verstand. Diese heiligen Väter aber und großen Helden, Abraham, David etc. haben ihm geglaubt, darum haben sie auch so große Dinge ausgerichtet ...

Derhalben, sage ich, ist dieser Text wohl werth, daß man ihn fleißig betrachte, auf daß wir daraus rechten

Gehorsam gegen Gott lernen, und wie viel daran gelegen sei, wo man des Gebotes Gottes so gewiß ist, wie einen großen Trost auch dasselbe den Frommen in ihrem Herzen anrichtet. Sollten wir doch solchen Trost am Ende der Welt suchen; wir dürfen aber darnach nicht weit laufen noch ängstlich darnach forschen. Denn unser Haus, unser Leib und Herz ist voll Gottes Gebot und glauben wir es doch nicht; darum freuen wir uns deß auch nicht, fühlen und finden an uns gar nichts von der geistlichen Freudigkeit, Muth und Trost, den Gottes Wort und Gebot mit sich bringt ...

Und ist nun solches der Verstand der Worte, daß Abraham des Morgens frühe sei aufgestanden. Er hat nicht lange disputirt, wie es würde hinaus gehen, sondern hat also gedacht: Ich bin deß gewiß, daß etwas Besseres hieraus werden wird, denn ich jetzt sehe oder verstehe, nicht durch meine oder der Meinen Kraft, sondern durch Kraft des Gebotes Gottes. Darum will ich dem Herrn folgen, der mir geboten hat dies zu thun und mich dazu berufen; ...

Und gürtete seinen Esel. *Dies alles wird darum so fleißig beschrieben, daß damit angezeigt werde, daß auch des Verzuges halben sein Glaube ist etwas geübt worden. Er, der Vater selbst, hat müssen das Holz suchen und hauen und hat es dazu dem Esel aufgeladen, seinen Sohn damit zu verbrennen. Unterdes wird er ohne Zweifel große Angst und Anfechtung seines Fleisches gefühlt haben; denn er hat kein eisern Herz gehabt, sondern ist von zarter Natur gewesen. Es ist ihm durch sein Herz immer gegangen der Gedanke von dem Brandopfer, und daß sein eingeborner Sohn, der ihm verheißen war als zu einer Hoffnung des zukünftigen Samens und vieler Nachkommen, sollte geschlachtet und eben mit dem Holz, so er, der Vater selbst, zuwege gesucht, verbrannt werden.*

Sollte er sich denn in solchem betrübten und erschreck-

lichen Handel, möchte jemand sagen, nicht länger bedacht haben? Sollte er nicht darüber mit seiner Sara, der Mutter des Kindes, zu Rat gegangen sein? Solches alles wird in diesen unnützen Worten, wie sie sich lassen ansehen, angezeigt, sonst hätte man es alles mit sehr kurzen Worten können dartun. Es will aber Moses damit anzeigen, was Abraham in seinem Herzen alle Augenblicke für große Stöße gefühlt habe. Dazu ist ohne Zweifel auch gekommen das unaussprechliche Seufzen und die bitteren Tränen, so er, als der Vater, darüber wird vergossen haben. Er selbst aber gürtet den Esel und befiehlt solches nicht den Knechten; so gar ist er geflissen und gleichsam bestürzt gewesen, daß er Gott seine Ehre geben, ihn fürchten und ihm recht dienen möchte, also daß er auch kaum selbst gefühlt und verstanden hat, was er tue ...

Dies ist aber ein großes und recht betrübtes Herzeleid, daß Abraham den Sohn hat sollen verlieren, den er mit so vielen Bitten und Tränen von Gott erlangt hatte und an dem alle Hoffnung und Ruhm war, daß er durch ihn ein Vater des gebenedeiten Samens werden sollte. In solchem Herzeleid richtet er sich doch gleichwohl auf und hält es noch gewiß dafür, er werde einen Samen haben, wo nicht bei seinem Leben, so werde es doch bei seinem Tode geschehen; wie droben Kap. 16 die Sara sich auch also aufgerichtet und gedacht hat: ich werde die Mutter dieses Samens nicht sein, ich bin des nicht wert gewesen, so sei es doch nun eine andere, nämlich meine Magd, die Hagar, daß nur der Herr einen Samen gebe. Dies ist die rechte Tötung, welche nicht geschiehet in der Wüste, da man mit keinen Leuten Gemeinschaft hat, sondern im Haus- und Weltregiment. Daraus kann man denn auch den großen Gehorsam Abrahams, so er auch aus Mark und Beinen geleistet hat, abnehmen ...

Ich halte, daß die Stätte, da das Opfer geschehen sollte, nicht weiter, denn eine viertel Meile Weges gelegen gewesen sei von dem Ort, da er die Knaben hat heißen bleiben. Denn obwohl Jerusalem oder der Berg Morija etwas hoch gelegen gewesen ist, hat man doch nicht sehr weit sehen können, dieweil es allenthalben umher eitel Berge gehabt hat. Ich zwar verwundere mich sehr darüber, daß der arme Vater von solchem großen und langen Herzeleid nicht gar gestorben ist; denn er hat drei ganze Tage müssen reisen. So aber dieser Kampf eine Stunde oder zwei gewähret, hätte er ihn desto leichtlicher überwinden können. Darum macht dieser Verzug seinen Gehorsam immer größer. Unterdes hat er gedacht: Siehe, ich komme da mit meinem Sohn, welcher ein Knabe ist, von dem ich große Hoffnung habe; derselbe muß nun sterben. Solche Tötung des Fleisches hat er diese drei Tage über neben andern Pfeilen des Satans dulden und leiden müssen, und hat es doch gleichwohl müssen in sich fressen und dazu stille schweigen um des Gebotes willen, darauf er sich verlassen, und also dadurch ist gestärkt und erhalten worden.

Und Abraham sprach zu seinen Knaben *Vs. 5. So die Knechte wären zur Hand gewesen, hätten sie das nicht geschehen lassen, das der Vater gedachte zu tun: oder aber sie würden gemeinet haben, er wäre nicht wohl bei Sinnen. Im Falle aber, da sie es ja nicht hätten verhindern können, würden sie doch Ach und Wehe geschrien haben, die Augen zugetan und von einer so schrecklichen Tat gelaufen sein.*

Und Abraham nahm das Holz *Vs. 6. Dies ist ein ander Aufhalten und Verzug, und wird das Herzeleid immer neu und größer, da er seinem Sohn das Holz aufgeladen. O, mein lieber Sohn, wird er gedacht haben, wenn du wüßtest, was du für Holz trägest, oder wenn es deine Mutter wissen möchte! Du meinest, du trägest es zum Opfer, du weißt aber nicht, daß du selbst das Brandopfer sein sollst ...*

Und gingen diese beide miteinander. *Diese zwei sind allein gewesen und sind in der Wüste umhergegangen. Da weiß die ganze Welt nicht, was hier gehandelt wird, und ist auch niemand dabei, der dem betrübten Vater etwa ein tröstlich Wort zusprechen könnte. Der Sohn aber weiß nicht, daß er daselbst soll getötet werden. Und wird ein solcher Gang, wie dieser ist, sonst nirgends in der Schrift beschrieben. Es gingen, sagt der Text, die beide. Ja, welche beide? Der liebe Vater und sein allerliebster Sohn. Lieber, wie ist ihr Herz gestanden? Also Isaak hat um den Handel nichts gewußt und ist doch willig und bereit, seinem Vater Gehorsam zu leisten. Abraham aber hat bei sich gewißlich beschlossen, seinen Sohn zu opfern und zu Asche zu verbrennen.*

Da sprach Isaak zu seinem Vater Abraham *Vs. 7,8. Sehr bewegliche, heftige und erbärmliche Worte sind dies, welche Moses nicht hat wollen auslassen. Isaak, der das Opfer ist, redet seinen Vater an und greift ihm damit in sein väterlich Herz, als wollte er sagen: Du bist ja mein Vater. Und saget der Vater wiederum auch zu ihm: Du bist ja mein lieber Sohn. Die Worte sind ihm ohne Zweifel durch sein väterlich Herz gegangen ...*

Und muß man sich deß wohl verwundern, wie doch Isaak so bald alle Gedanken dieses Lebens habe ausschlagen, und seines Vaters und seiner Mutter, des Hauses und der Verheißung, so er gehabt, dazu endlich seines eigenen Lebens, darein er kaum getreten war, vergessen können. Solches alles hat ohne großes Herzeleid und Trauern nicht können überwunden werden. Denn es sind ja die Heiligen keine Klötze oder ohne alles Fühlen, sondern sind Menschen, und haben alle Sehnung, Mitleiden und Neigungen, die menschlicher Natur eingepflanzt sind, heftiger und mehr denn Andere ...

Und als sie kamen an die Stätte, die ihm Gott sagte, bauete Abraham daselbst einen Altar, und legte das

Holz drauf. *Vs. 9, 10. Mose hat bisher nach der Länge beschrieben das Exempel des Gehorsams dieser Beiden, nämlich, des Sohnes und des Vaters, und hat den Leser immer aufgehalten bis zum Überdruß und warten lassen, wo doch solch Spiel hinaus wolle. Da Abraham nun den Altar zugerichtet hat und es jetzt zum Treffen gekommen ist, schweigt er still, als der sich entweder nicht getraut, solche Dinge auszureden (denn sie sind an sich selbst viel zu groß, denn daß sie sich mit Worten sollten beschreiben lassen), oder aber hat es vor Weinen nicht schreiben können. Er läßt also die hohe Verwunderung in den Herzen der Zuhörer bleiben, und will, daß sie solcher Sache nachdenken und ermessen, da er sie mit Worten nicht erreichen kann.*

Denn es muß sich ja, da nun der Altar zugerichtet, das Messer bereitet und das Feuer angezündet gewesen ist, etwa eine Rede zwischen Vater und Sohn zugetragen haben, dadurch Isaak von dem Willen und Gebote Gottes hat mögen berichtet werden. Der Vater wird gesagt haben: Du, mein lieber Sohn, den mir Gott gegeben hat, bist verordnet zum Brandopfer. Da denn der Sohn ohne Zweifel sich entsetzt hat und erschrocken ist, wird den Vater wiederum der Verheißung erinnert haben, nämlich also: Mein lieber Vater, gedenke doch, daß ich der Same bin, dem Könige und Völker und ein groß Geschlecht verheißen ist etc. Es hat mich ja Gott meiner Mutter gegeben durch ein großes Wunderwerk. Wie wird denn die Verheißung können erfüllt werden, wenn ich getödtet bin? Laß uns doch zuvor miteinander davon weiter reden und handeln.

Solches hätte Mose hier beschreiben sollen; warum er es aber habe ausgelassen, weiß ich zwar nicht; daran aber zweifle ich nicht, es wird der Vater seinem Sohn eine treffliche Rede gethan haben, welcher Inhalt und Hauptstück vornehmlich wird gewesen sein: das Gebot Gottes und die Auferstehung der Toten ...

Und band seinen Sohn Isaak. *Diese wunderliche und erstaunliche Historie begreift Moses mit so wenig Worten. Es will jetzt der Vater seinem Sohn die Gurgel abstechen, und hält der Sohn die Gurgel dar und hebt seine Augen auf gen Himmel und wartet, daß er jetzt zu Asche werde. Also werden sie beide von Gott in die äußerste Gefahr des Leibes und Lebens gesetzt ...*

Ich hätte da nicht können zusehen, ich will geschweigen, daß ich sollte der Töter und Metzger gewesen sein. Es ist ein erschrecklich Ding, daß ein lieber Vater seinem allerliebsten Sohn das Messer an den Hals setzt; und bekenne ich zwar gern, daß ich solche Gedanken, Anliegen und Angst, so der Vater in seinem Herzen wird gefühlt haben, weder mit Nachdenken noch mit Worten erreichen kann ...

Da rief ihm der Engel des Herrn vom Himmel *Vs. 11. Wie die göttliche Majestät so sicher und verächtlich im Tod und aller Kraft, so der Tod an uns beweisen kann, scherzet und spielet, das siehest du hier. Gott spielet hier mit seinem Patriarchen und mit seinem Sohn, welche hier zugleich in der höchsten Angst und großem Sieg des Todes stehen. Denn es ist nicht allein Isaak bereit gewesen zu sterben, sondern der Vater Abraham stirbt in der Wahrheit auch wohl siebenmal in dem, daß er mit den Gedanken allein umgehet, daß er jetzt seinen Sohn opfern und töten will. Der natürliche Tod, welcher nichts anderes ist, denn daß sich die Seele vom Leibe scheidet, ist ein geringer Tod. Wo man aber den Tod, d. i. den Schrecken und die Angst des Todes fühlet, da ist der rechte, wahrhaftige Tod ...*

Solches können wir mit unserem Verstand nicht erreichen und sollen darauf bedacht sein, daß wir davon verstehen mögen so viel, als wir können. Ich erkenne zwar, daß ich dazu sehr träge bin; mein Esel widerstehet unten und kann nicht auf den Berg steigen. Also bleiben alle die Esel, die nicht unterrichtet sind in der Lehre des Glaubens, und können die Gedanken nicht ergreifen, daß der Tod das Leben sei. Also da Petrus den Herrn Christum verleugnet in der Gefahr des Todes, war er auch ein fauler Esel; ja er war noch wohl keinem Esel gleich; denn er bleibt nicht allein unten am Berge stehen, sondern läuft zurück und flieht davon ...

Abraham hat in seinem Herzen also gedacht: Mein Sohn Isaak, den ich jetzt erwürge, ist ein Vater der Verheißung, und ist solche Verheißung an sich selbst wahrhaftig; derhalben wird mein Sohn ewiglich leben und wird auch der Erbe sein: ob er derhalben wohl jetzt sterben muß, so wird er doch wahrhaftig nicht sterben, sondern wiederum auferstehen.

Also kann der Glaube die Dinge, so stracks wider einander sind, vereinigen, und ist nicht ein schlechter, bloßer und kalter Wahn oder Gedanke, wie die Sophisten sagen, sondern seine Kraft ist, daß er den Tod erwürgt, die Hölle verdammt, der Sünde eine Sünde und dem Teufel ein Teufel ist, also auch, daß der Tod ist kein Tod, wiewohl aller Menschen Sinn und Fühlen bezeugt, daß der Tod da gegenwärtig sei. Deß ist Abraham ganz gewiß, und gedenkt also: Ich werde jetzt meinen Sohn zu Asche machen; jedoch stirbt er nicht, ja, diese Asche wird der Erbe sein. Heißt das nicht ein Kinderspiel treiben in solcher großen und wichtigen Sache, darin sonst alle Menschen zwiefach kindisch sind?

Darum lasset uns an dies Schauspiel, so Mose hier beschrieben hat, und an das Spiel der göttlichen Majestät im Tode oft denken, auf daß wir lernen glauben, daß der Tod das Leben sei ...

Dies lasset uns auch lernen, daß wir mitten im Tode sagen können: Ade Laub und Gras, ich werde nicht sterben, sondern leben; wie Isaak dachte, da es ihm den Hals galt ...

Es saget aber zuvor Moses damit recht: Und die Beiden gingen miteinander. Denn dieser Gedanke vom Tod ist sonst in der ganzen Welt nirgend gewesen, denn allein in diesen beiden . . .

Dies sei nun genug gesagt von dieser Historie, die da recht geistlich ist, welches zwar ich, als ein fleischlicher und einer von den Eselsfüßen, welcher nicht mit auf den Berg gehet, nicht vollkömmlich verstehen oder auslegen kann. Ich habe aber doch so viel lehren und anzeigen wollen, wie viel ich nach meiner Schwachheit und geringem Verstande habe gedenken und verstehen können.

Wie die Heiligen vor den Engeln wunderbarlich und Gottes Schauspiel sind, ist hieraus zu sehen; denn sie sind selbst Gottes Werk. Bei diesem Werk ist ein Engel vom Himmel gewesen und hat Abraham in diesem ganzen Handel zugesehen, ja, Gott selbst im Himmel und alle seine Engel haben zugesehen. Denn der Engel ist ja nicht ferne von der Welt Ende dahergeflogen, sondern hat über Abraham gestanden und über Isaak, hat stracks mit Augen zugesehen, wie Abraham seinen Sohn gebunden und das Messer an den Hals gesetzt, und wie der Sohn seinen Gehorsam bewiesen und gutwillig des Streiches gewartet hat. Es werden dem Abraham ohne Zweifel die Tränen die Backen herabgeflossen sein, da der Sohn auf dem Rücken gelegen und seine Augen gen Himmel aufgerichtet hat, welches alles der Engel angesehen hat.

Da derhalben Abraham das Messer schon gezückt hat, ruft er ihn und nennt ihn bei seinem Namen. Also gar nahe stehen die heiligen Engel um uns her und sehen mit ihren Augen stracks auf uns, wenn wir gottesfürchtig und fromm sind. Solcher Gehorsam hat Gott über die Maßen wohlgefallen. Denn unter allen Opfern ist ihm das angenehmste die Sünde töten, in Gerechtigkeit, Heiligkeit, im Gehorsam und Tötung des Fleisches leben und tut zwar solches wehe und ist schwer . . .

Wir reden nur allein von diesen Dingen, Abraham aber und Isaak haben solches mit der Tat bewiesen. Und ist dieses Gott ein vollkommener Wille, bei uns aber hat er noch nicht einmal angefangen. Gott ist er wohlgefällig und gut, uns aber ist er böse und unangenehm. Denn es ist nichts saurer und härter als die Tötung des Fleisches und der Sünden. Darum dünket es uns greulich und unmöglich zu sein, wir fliehen davor und sind ihr feind. Jedoch muß man sich dazu gewöhnen und anheben, wie hier Abraham tut, der nicht flieht, sondern darauf mit höchstem, geneigten Willen wartet, und darum da ist, daß sein Sohn geschlachtet werde und solchem Tod das Leben folge . . .

Derhalben befehle ich diesen Text allen frommen Christen, als der voll reicher und mannigfaltiger geistlicher Lehre und Weisheit ist. Und wenn ja in der Auslegung nicht alles nach seiner Würde von mir gehandelt wäre, soll solches ein christlicher Leser meinem geringen Verstand zurechnen.

Kierkegaard

Kierkegaards Meditationen über die Geschichte von Abrahams Opfer sind nicht Auslegungen einer biblischen Erzählung, die um ihrer selbst willen geschrieben wurden. Ganz im Gegenteil, sie haben ihren Ort und ihre Funktion in einem großen Zusammenhang höchst subtiler philosophisch-theologischer Erwägungen. Wie nie einer vor ihm ist Kierkegaard der Frage nachgegangen, wie denn ein Mensch überhaupt in seiner Innerlichkeit existiert. So hat er sich auf den Weg gemacht, um mit Hilfe seines phänomenalen Verstandes aber zugleich auch mit dichterischer Intuition die Innerlichkeit des Menschen zu analysieren und allen ihren Verpuppungen nachzugehen. Er hat es sich vorgenommen, den Menschen da zu finden, wo er wirklich anzutreffen ist. Bei diesem Verstehen der menschlichen Subjektivität mußte er zu völliger Klarheit durchdringen, um sie aus ihren verborgenen Fiktionen herausholen zu können. Vorher konnte ein Hinführen zum Christentum gar nicht beginnen.

Es ist bekannt, daß Kierkegaard drei Existenzkategorien einigermaßen exklusiv einander gegenübergestellt hat, die ästhetische, die ethische und die religiös-christliche. Sie treten deutlich auseinander, aber es wird doch auch etwas wie ein innerer Weg sichtbar, deshalb kann Kierkegaard auch die ästhetische wie die ethische Existenzkategorie als »Stadien« bezeichnen, also als Vorstufen, in denen dem Menschen zwar manche Erfüllungen zuteil werden, in denen er aber unweigerlich »strandet«. Im Ästhetischen kann der Genießende nie zur Ruhe kommen. Die von ihm gewollte Vereinigung mit seinem Gegenstand ist nicht möglich, und so führt ihn dieser Weg in die Leere, in Langeweile und Schwermut. So strandet also »die Idealität der Ästhetik an der geforderten Idealität der Ethik.« Aber auch die Ethik ist »unmöglich«. Daß es vor Gott kein rechtes moralisches Handeln gibt, liegt an dem unendlichen Qualitätsunterschied zwischen Mensch und Gott. Alles ethische Handeln setzt Freiheit voraus; aber gerade in diesem seinen Selbstvertrauen verschätzt sich der Mensch. Er ist in sich selbst viel zu verschlossen (Kierkegaard nennt das auch »dämonisch«), um diese Freiheit realisieren zu können. Aber er ist doch gerufen, sein Leben in Freiheit zu ergreifen! So muß er also auch im Ethischen scheitern. Mit dieser Ausziehung der Linien ist Kierkegaard an den für ihn interessantesten Punkt gekommen, denn erst an dieser Grenze kommt für ihn das eigentlich Christliche in Sicht. Kierkegaard bestreitet nicht, daß es auch einen Glauben der Einfältigen gibt. Aber wo das Christliche problematisch geworden ist – und es ist durch seine Verweltlichung äußerst problematisch geworden! –, da kann es nur an jenen Grenzen wiedergewonnen werden.

Um derart in die menschliche Innerlichkeit hineinleuchten zu können, um von den sich dort ereignenden Aufbrüchen, den auftretenden Aporien usw. überhaupt reden zu können, mußte sich Kierkegaard einer ganz besonderen Darstellungsweise bedienen. Hier konnte es ja nicht darum gehen, etwas beim Menschen objektiv Vorfindbares exakt aufzuweisen. Im Gegenteil: die Existenz des einzelnen läßt sich nie eindeutig fassen. Immer bleibt sie dem anderen verborgen; sie bleibt als verborgene Innerlichkeit bei den Existierenden. (Das Leiden, das mit dieser Tatsache verbunden sein kann, wird Kierkegaard an der Abrahamsgeschichte deutlich machen). Um von alledem überhaupt reden zu können, mußte Kierkegaard einen anderen Weg beschreiten. Da es sich immer nur um Möglichkeiten menschlichen Existierens handelte, konnte er seine Aufgabe nur darin sehen, diese Möglichkeiten modellartig und allseitig durchzureflektieren. Man kann ebenso sagen, daß er diese Möglichkeit menschlicher Existenz in kleinere oder größere Dichtungen umgesetzt hat. Hier ist das Feld, auf dem Kierkegaard auf eine grandiose Weise dem Reichtum seiner dichterischen Einfälle wie dem Scharfsinn seiner psychologischen Analysen freien Lauf lassen konnte. Erstaunliche Möglichkeiten schlummerten in ihm, sowohl einer ästhetischen, wie einer moralischen und nicht zuletzt einer religiösen Existenz. Gerade in dem von uns ausgewählten Text wird der Leser unter I–IV ein schönes Beispiel eines solchen dichterischen Durchreflektierens einer paradigmatischen Problemsituation innerhalb der religiösen Existenz finden.

Alles Interesse Kierkegaards, so sagten wir, konzentriert sich auf den Punkt, wo und wie das spezifisch Christliche in der menschlichen Existenz in Erscheinung tritt. Das Christentum, wie es Kierkegaard sieht – also nicht jene kulturell christliche Fassade, jene christlich frisierte Weltlichkeit –, ist eine den Menschen umgestaltende Macht, die ihn in völlig neue Horizonte menschlichen Existierens führt. Indem Kierkegaard diese christliche Existenz nach allen Seiten hin durchreflektierte, kam – höchst aufregend für einen moralisch so sensiblen Menschen! – eine Relativierung, eine Grenze des Ethischen in Sicht. Kierkegaard entdeckte nämlich, daß es einen Bereich gibt, in den die ethische Forderung nicht mehr in ihrer Unbedingtheit hineinreicht, und deshalb spricht er in diesem Zusammenhang von einer »Suspension des Ethischen«. Damit meint er natürlich nicht eine grundsätzliche Aufhebung der ethischen Forderungen überhaupt, aber doch dies, daß es ein Handeln gibt, das nicht mehr vom Ethischen her begründet ist. Im Alleinsein vor Gott, also vom Religiösen her, kann der Mensch zu einer Überschreitung des Ethischen gezwungen werden. Dieser Überstieg bedeutet für ihn eine furchtbare Krise; er kann ihn nur in »Furcht und Zittern« vollziehen. Im Ethischen bewegt er sich ja noch im Allgemeinen, im Verständlichen; aber in dieser neuen Situation kann ein Mensch von niemandem mehr verstanden werden, denn die Gewißheit, von der er jetzt die Impulse seines Handelns empfängt, läßt sich nicht mehr allgemein begründen. So wird er auch nie ganz die Unsicherheit von sich abstreifen können, ob er nun wirklich in der Freiheit seines Glaubens gehandelt hat, oder ob es nicht vielmehr ein Versagen seiner Freiheit war, daß er also in die »dämonische« Verschlossenheit seiner Existenz zurückgefallen ist. Andererseits muß er aber diesen Überstieg unter allen Umständen wagen, denn hier erst empfängt er sein Leben aus der Hand Gottes. Jetzt erst hat er in seinem Leben Raum für Gott und für ein grenzenloses Vertrauen zu ihm. Am Ende der Schrift »Furcht und Zittern«, der wir den folgenden Abschnitt entnehmen, sagt Kierkegaard: »Der Glaube ist die höchste Leidenschaft in einem Menschen. Es gibt vielleicht in jeder Generation viele, die nicht einmal bis zum Glauben gelangen: *weiter* gelangt gewiß niemand.«

Damit stehen wir nun dicht vor dem, was Kierkegaard an unserer Abrahamsgeschichte so fasziniert hat. Abraham ist für ihn das Paradigma der »Suspension des Ethischen«. Alle Pflichten, die ihn als Vater an Isaak binden (also das ethisch Allgemeine), sind aufgehoben durch den Ruf Gottes, der an ihn ergangen war. Dies religiöse Verhältnis, in dem Abraham stand, relativierte alle ethischen Bindungen. So unterdrückte Abraham alles, was ihm die Liebe und seine Stellung als Vater geboten. Niemand kann dieses Geschehen in seiner Innerlichkeit begreifen, am wenigsten Isaak. Darum – so meditiert Kierkegaard – ist es besser, daß sich Abraham ihm gegenüber verstellt. Es ist immer noch besser, daß er seinen Vater für einen Mörder hält, als daß er (in seiner Unfähigkeit, den Vater zu verstehen) den Glauben verliert. So hat sich ja auch Kierkegaard bei der Lösung seines Verlöbnisses mit Regine verstellt. Der Leser muß wissen, daß Kierkegaard hier an diese qualvolle Trennung denkt. Auch bei ihm hatte sich das Gottesverhältnis trennend zwischen ihn und die moralische

Treuepflicht seiner Verlobten gegenüber gestellt. Es war für Kierkegaard eine große Sache, daß er sich mit seinem Verzicht, an dem er fast zugrunde gegangen ist, so völlig in der biblischen Geschichte unterbringen konnte, und daß sie nicht nur seine Not, sondern auch seine Rechtfertigung aussprach. So hat also Kierkegaard noch viel intensiver als Luther das Geschehen, von dem der biblische Erzähler berichtet, auf sich bezogen. Ja, es war geradezu seine eigene Geschichte. Abraham wurde ihm völlig »gleichzeitig«.

Nicht immer führt die »Suspension des Ethischen« in diese äußersten Möglichkeiten. So schwärzt ja auch die Mutter, wenn sie ihr Kind entwöhnen will, ihre Brust. Das Kind kann das natürlich nicht verstehen, ja es wird dadurch von ihr geradezu abgestoßen. Dies ist noch eine milde Form des Abstoßens, und doch kündet sich darin das Problem schon an. »Heil der Mutter, die nicht schrecklicherer Mittel bedarf, das Kind zu entwöhnen!« Es gibt, das eben zeigt die Abrahamsgeschichte, noch ungleich härtere Zumutungen. Und trotzdem ist Abraham in seinen 130 Lebensjahren auch nicht weiter gelangt als bis zum Glauben!

Aus »Furcht und Zittern«

Stimmung

Es war einmal ein Mann, der hatte als Kind jene schöne Erzählung gehört, wie Gott Abraham versuchte, und wie dieser die Versuchung bestand, den Glauben bewahrte und zum zweitenmal wider Erwarten einen Sohn bekam.

Als er älter wurde, las er dieselbe Erzählung mit noch größerer Bewunderung; denn das Leben hatte geschieden, was in des Kindes frommer Einfalt noch vereint war. Je älter er wurde, desto öfter weilten seine Gedanken bei jener Erzählung; seine Begeisterung wuchs höher und höher, und doch wurde ihm das Verständnis der Erzählung schwerer und schwerer. Zuletzt vergaß er über dieser Erzählung alles andere; seine Seele hatte nur den einen Wunsch, Abraham zu sehen, nur die eine Sehnsucht: wäre ich doch Zeuge jener Begebenheit gewesen! Ihn verlangte nicht nach der Schönheit des Orients, nicht nach der irdischen Pracht des gelobten Landes, nicht nach dem gottesfürchtigen Ehepaar, dessen Alter Gott segnete, nicht nach der ehrwürdigen Gestalt des betagten Patriarchen, nicht nach der blühenden Jugend des von Gott geschenkten Isaak – seinetwegen hätte die Geschichte auf einer öden Heide spielen mögen. Sein einziges Sehnen war, Abraham auf jener dreitägigen Reise zu begleiten, da er, vor sich den Kummer, neben sich seinen Sohn, dahinritt. Sein Wunsch war, in jenem Moment zugegen zu sein, da Abraham seine Augen erhob und den Berg Morija in der Ferne erblickte, in jener Stunde, da er die Esel zurückließ und einsam mit Isaak den Berg hinanstieg. Denn was ihn beschäftigte war nicht ein kunstreiches Gewebe der Phantasie, sondern der Schauer des Gedankens.

Jener Mann war kein Denker: er hatte nicht das Bedürfnis über den Glauben hinauszukommen. Ihm schien es das Herrlichste zu sein, als der Vater des Glaubens in der Erinnerung der Menschen zu leben; ihm schien es schon ein beneidenswertes Los den Glauben zu besitzen, wenn auch niemand darum wüßte.

Jener Mann war kein gelehrter Exeget; er verstand kein Hebräisch. Hätte er Hebräisch verstanden, so würde er vielleicht die Erzählung und Abraham leicht verstanden haben.

I

Und Gott versuchte Abraham und sprach zu ihm: »Nimm Isaak, deinen einigen Sohn, den du lieb hast, und gehe hin in das Land Morija und opfre ihn daselbst zum Brandopfer auf einem Berge, den ich dir zeigen will.«

Es war früher Morgen. Abraham stand zeitig auf; er ließ die Esel satteln und verließ seine Hütte. Isaak mit ihm. Sara aber blickte aus dem Fenster ihnen nach, das Tal hinab, bis sie ihren Blicken entschwunden waren. Drei Tage ritten sie schweigend dahin. Am Morgen des vierten Tages sagte Abraham noch kein Wort; aber er hob seine Augen auf und sah den Berg in der Ferne. Er ließ die Knechte zurück und ging allein mit Isaak den Berg hinan. Und Abraham sprach zu sich selber: »Ich will es Isaak doch nicht verhehlen, wohin dieser Gang ihn führt.« Er stand stille: er legte seine Hand segnend auf Isaaks Haupt, und Isaak beugte sich, um den Segen des Vaters zu empfangen. Väterliche Liebe sprach aus Abrahams Angesicht, sein Blick war sanft und mild, seine Worte ernst und mahnend. Doch Isaak konnte ihn nicht verstehen, seine Seele konnte sich nicht erheben. Er bat für sein junges Leben, für seine schöne Hoffnung. Er erinnerte an die Freude in Abrahams Hause, er erinnerte an den Kummer und die Einsamkeit. Da hob Abraham den Knaben auf, ging mit ihm Hand in Hand. Seine Worte waren voll Trost und Ermahnung. Aber Isaak konnte ihn nicht verstehen. Er bestieg den Berg, aber Isaak verstand ihn nicht. Da wandte er sich einen Augenblick von ihm, und als Isaak das Antlitz seines Vaters wieder erblickte, war es verändert. Sein Blick war wild, seine Gestalt Schrecken. Er faßte Isaak an der Brust, warf ihn zu Boden und sagte: »Dummer Junge, glaubst du, ich sei dein Vater? Ich bin ein Götzendiener? Glaubst du, es sei Gottes Befehl? Nein, es ist meine Lust.« Da rief Isaak in seiner Angst: »Gott im

Himmel, erbarme dich meiner! Gott Abrahams, erbarme dich meiner! Habe ich keinen Vater auf Erden, so sei du mein Vater!« Und Abraham sprach leise bei sich selbst: »Herr des Himmels, ich danke dir, es ist doch besser, daß er glaubt, ich sei ein Unmensch, als daß er den Glauben an dich verlieren sollte.«

Wenn das Kind entwöhnt werden soll, schwärzt die Mutter ihre Brust. Es wäre ja grausam, der Brust ihren Liebreiz zu lassen und das Kind dürfte sie doch nicht bekommen! So glaubt das Kind, die Brust habe sich verändert: aber die Mutter, sie ist sich gleichgeblieben, ihr Blick ist liebreich und zärtlich wie immer. Heil der Mutter, die nicht schrecklicherer Mittel bedarf, das Kind zu entwöhnen!

II

Es war früher Morgen. Abraham stand zeitig auf. Er umarmte Sara, die Braut seines Alters, und Sara küßte Isaak, der die Schande von ihr genommen hatte, ihren Stolz, ihre Hoffnung für alle Geschlechter. Sie ritten schweigend den Weg entlang. Abrahams Blick haftete am Boden bis zum vierten Tage, da hob er seine Augen auf und erblickte in weiter Ferne den Berg Morija. Er schlug seine Augen wieder zu Boden. Schweigend legte er das Holz zurecht und band Isaak. Schweigend zog er das Messer. Da sah er den Widder, den Gott ausersehen hatte. Diesen opferte er und zog wieder heim. Von dem Tage an wurde Abraham alt, er konnte nicht vergessen, daß Gott dies von ihm gefordert hatte. Isaak wuchs heran wie vorher. Abrahams Auge war dunkel geworden, er sah die Freude nicht mehr.

Wenn das Kind groß geworden ist und entwöhnt werden soll, verhüllt die Mutter jungfräulich ihren Busen; das Kind hat keine Mutter mehr. Heil dem Kinde, das nicht auf andere Weise die Mutter verlor!

III

Es war früher Morgen. Abraham stand zeitig auf, er küßte Sara, die junge Mutter, und Sara küßte Isaak, ihre Lust, ihre Freude für alle Zeiten. Und Abraham ritt gedankenvoll seines Weges. Er dachte an Hagar und ihren Sohn, die er einst in die Wüste hinausjagte. Er bestieg den Berg, er zog das Messer.

Es war ein stiller Abend. Abraham ritt einsam hinaus, er ritt zum Berge Morija. Er warf sich auf sein Angesicht und bat Gott, ihm die Sünde zu vergeben, daß er Isaak hatte opfern wollen, daß der Vater die Pflicht gegen den Sohn vergessen hatte. Er ritt öfter seinen einsamen Weg, aber er hatte keine Ruhe. Er konnte nicht begreifen, wie es Sünde sei, daß er Gott das Beste, was er besaß, hatte opfern wollen, das was er tausendmal höher schätzte als sein eigenes Leben. Und doch, wenn es Sünde war, wenn er Isaak nicht so geliebt hatte wie er sollte, dann konnte er nicht verstehen, daß das vergeben werden könne. Gab es eine schrecklichere Sünde?

Wenn das Kind entwöhnt werden soll, ist auch die Mutter betrübt, daß sie und ihr Kind mehr und mehr getrennt werden; daß das Kind, das erst unter ihrem Herzen ruhte, später doch an ihrer Brust lag, ihr nicht mehr so nahe sein soll. So trauern sie miteinander die kurze Trauer. Heil der Mutter, die das Kind so nahe behielt und nicht mehr Grund zur Trauer bekam!

IV

Es war früher Morgen. In Abrahams Hause war alles zur Reise bereit. Er nahm Abschied von Sara. Elieser, der treue Diener, begleitete ihn eine Strecke Weges; dann kehrte er wieder zurück. Sie ritten nebeneinander, Abraham und Isaak, bis sie zum Berge Morija kamen. Und Abraham bereitete alles zum Opfer, ruhig und mild; aber als er sich abwandte und das Messer zog, da sah Isaak, daß Abrahams Linke sich in Verzweiflung ballte, daß ein Zittern seinen Körper durchzuckte – doch Abraham zog das Messer.

Da kehrten sie wieder heim, und Sara eilte ihnen entgegen. Aber Isaak hatte den Glauben verloren. Es ist niemals ein Wort darüber gesprochen worden. Isaak sagte niemand was er gesehen hatte, und Abraham ahnte nicht, daß jemand es gesehen hatte.

Wenn das Kind entwöhnt werden soll, hat die Mutter stärkere Speise bereit, damit das Kind nicht umkomme.

Heil dem, der die stärkere Speise bereit hat!

So und auf manche ähnliche Weise dachte der Mann, von dem wir reden, über diese Begebenheit nach. Jedesmal, wenn er nach einer Wanderung zum Morijaberge heimkehrte, brach er vor Ermüdung zusammen; er faltete seine Hände und sagte: »Keiner war doch so groß wie Abraham, wer vermag ihn zu verstehen?«

Eine Lobrede auf Abraham

Wenn kein ewiges Bewußtsein im Menschen wäre; wenn allem nur eine wild gärende Macht zugrunde läge, die in dunklen Leidenschaften ringend alles hervorbrächte, das Große wie das Unbedeutende; wenn eine bodenlose, nimmer zu sättigende Leere sich unter allem verborgen hielte: was wäre da das Leben anderes als Verzweiflung! Wenn es sich so verhielte; wenn es kein heiliges Band gäbe, das die Menschheit verbände; wenn das eine Geschlecht nach dem andern aufsproßte wie das Laub im Walde; wenn das eine Geschlecht das andre ablöste wie der Gesang der Vögel im Walde; wenn das Geschlecht durch die Welt ginge wie das Schiff durchs Meer, wie der Wind durch die Wüste, ohne daß sein Leben einen Sinn, eine Frucht hätte; wenn ein ewiges Vergessen, immer hungrig, auf seine Beute lauerte und es keine Macht gäbe, stark genug, sie ihm zu entreißen: wie leer, wie trostlos wäre das Leben!

Aber deshalb verhält es sich nicht so; sondern wie Gott Mann und Weib schuf, so bildete er auch den Helden und den Dichter oder Redner. Dieser vermag nicht was jener tut; er kann nur bewundern und lieben, kann sich nur des Helden freuen. Doch ist auch er glücklich, nicht minder als jener. Denn der Held ist gleichsam sein besseres Ich, in das er verliebt ist, froh, daß er es nicht selber ist, daß seine Liebe Bewunderung sein kann. Er ist der Genius der Erinnerung; er kann nichts tun, nur an das erinnern, nur das bewundern, was getan wurde. Er nimmt nichts von seinem Eignen, hütet aber mit eifersüchtigem Auge das ihm Anvertraute. Er folgt der Wahl seines Herzens; aber wenn er das Gesuchte gefunden hat, wandert er von Tür zu Tür mit seinem Liede, mit seiner Rede, damit alle den Helden bewundern mögen wie er, stolz auf den Helden sein mögen, wie er es ist. Darin geht er auf: ein bescheidener, treuer Diener des Helden. Und bleibt er so seiner Liebe treu; kämpft er Tag und Nacht mit der listigen Macht des Vergessens, die ihm den Helden rauben will: dann hat auch er sein Werk vollführt; und dann wird er vereinigt mit dem Helden, der ihn ebenso treu geliebt hat. Denn der Dichter ist gleichsam des Helden besseres Ich, kraftlos zwar wie eine Erinnerung, doch auch verklärt wie diese. Daher wird niemand vergessen werden, der groß war. Währt es auch noch so lange, nimmt auch die Wolke des Mißverstandes den Helden weg: der ihn liebt, kommt doch; und je länger die Zwischenzeit ist, desto treuer hängt er an ihm.

Nein! Keiner wird vergessen werden, der groß war in der Welt; doch jeder war groß in seiner Weise, jeder im Verhältnis zu der Größe dessen, was er liebte. Wer sich selbst liebte, wurde groß durch sich selbst; der andre Menschen liebte, wurde groß durch seine Hingabe; doch wer Gott liebte, wurde größer als alle. Jeder wird bleiben in der Erinnerung; aber jeder wurde groß im Verhältnis zu dem, was er hoffte. Einer wurde groß, indem er das Mögliche hoffte; ein andrer dadurch, daß er das Ewige hoffte; doch wer das Unmögliche hoffte, wurde größer als alle. Jeder wird bleiben in der Erinnerung; aber jeder war groß im Verhältnis zu der Größe dessen, womit er kämpfte. Denn wer mit der Welt kämpfte, wurde groß indem er die Welt überwand; und wer mit sich selbst kämpfte, wurde größer, indem er sich selbst überwand; doch wer mit Gott kämpfte, wurde größer als alle. So wurde in der Welt gekämpft, Mann gegen Mann, einer gegen tausend; wer aber mit Gott kämpfte, war größer als alle. So wurde gekämpft auf Erden: der eine überwand alles durch seine eigene Kraft, der andere überwand Gott durch seine Ohnmacht. Der eine verließ sich auf sich selbst und gewann alles; im Vertrauen auf seine Stärke opferte der andre alles: wer Gott glaubte, war größer als alle. Einer war groß durch seine Kraft, ein andrer durch seine Weisheit; einer war groß durch seine Hoffnung, ein andrer durch seine Liebe – Abraham war größer als alle: groß durch die Kraft, deren Stärke Ohnmacht ist; groß durch die Weisheit, deren Geheimnis Torheit ist; groß durch die Hoffnung, deren Form Wahnsinn ist, groß durch die Liebe, die Haß ist gegen sich selbst.

Durch den Glauben zog Abraham aus seinem Vaterlande und wurde ein Fremdling im Lande der Verheißung. Eins ließ er zurück und eins nahm er mit; zurück ließ er seinen irdischen Verstand, mit nahm er den Glauben: sonst wäre er wohl nicht ausgewandert, sondern hätte gedacht: das ist ja Wahnwitz! Durch den Glauben war er ein Fremdling im Lande der Verheißung, und es gab nichts, das ihn an das Alte, Liebe erinnerte: was ihn umgab, stimmte durch seine Fremdartigkeit die Seele zu wehmütiger Sehnsucht. Und doch war er Gottes Auserwählter, an dem der Herr Wohlgefallen hatte! Ja, wäre er ein Verworfener gewesen, ausgestoßen aus Gottes Gnade, dann hätte er es besser fassen können. So war es ja wie Spott über ihn und seinen Glauben. Wer in der Verbannung leben mußte, vertrieben aus dem geliebten Lande seiner Väter: auch er ist nicht vergessen noch die Klagelieder, die er sang, wenn er wehmütig das Verlorne suchte und fand. Von Abraham gibt es kein Klagelied. Menschlich ist es ja, zu klagen, menschlich zu weinen mit den Weinenden; aber größer ist es zu glauben, seliger zu schauen auf den Glauben.

Durch den Glauben empfing Abraham die Verheißung, daß in seinem Samen alle Geschlechter der Erde gesegnet sein sollten. Die Zeit ging hin, die Möglichkeit war da: Abraham glaubte; die Zeit ging hin, die Möglichkeit entschwand: Abraham glaubte. Es gab andre Menschen, die auch in Erwartung lebten. Die Zeit ging, der Abend kam. Sie waren nicht so armselig, daß sie die Erwartung aufgegeben hätten; daher werden sie auch nicht vergessen werden. Doch versanken sie in Kummer. Und der Kummer betrog sie nicht, wie das Leben sie betrogen hatte; der Kummer tat für sie, was er vermochte. In der Wonne des Schmerzes bewahrten sie ihre getäuschte Erwartung. Es ist menschlich, zu trauern mit den Trauernden; aber es ist größer zu glauben, seliger zu schauen auf den Glauben. Von Abraham haben wir kein Klagelied. Er zählte nicht mit Wehmut die Tage, während die Zeit enteilte; er betrachtete sein Weib nicht mit mißtrauischen Blicken, ob sie nicht alt werde; er hemmte nicht den Lauf der Sonne, um Sara jung und seine Hoffnung lebendig zu erhalten; nicht sang er ihren Kummer durch sein wehmütiges Lied in Schlaf. Und Abraham wurde alt, Sara zum Gespött im Lande; und doch war er Gottes Auserwählter und Erbe der Verheißung, daß in seinem Namen alle Geschlechter gesegnet werden sollten. So wäre es ja besser, er wäre nicht Gottes Auserwählter? Was heißt das, Gottes Auserwählter sein? Heißt es, in der Jugend die Erfüllung der Jugendwünsche vereitelt zu sehen, um sie mit großer Beschwerde im Alter zu erlangen? Doch Abraham glaubte und hielt fest an der Verheißung. Hätte er geschwankt, so hätte er sie aufgegeben. Er hätte zu Gott gesagt: »So ist es vielleicht doch nicht dein Wille, daß es geschehe; daher will ich den Wunsch aufgeben. Es war mein einziger; es war meine Seligkeit. Meine Seele ist aufrichtig, ich berge keinen heimlichen Groll, weil du mir den Wunsch versagtest.« Er wäre nicht vergessen worden, er würde manche durch sein Beispiel gerettet haben; aber er wäre doch nicht der Vater des Glaubens geworden. Denn groß ist es, seinen Wunsch aufzugeben; aber es ist größer, ihn festzuhalten, nachdem man ihn aufgegeben hat. Es ist groß, das Ewige zu ergreifen; aber größer ist es, das Zeitliche festzuhalten, nachdem man es aufgegeben hat.

Da ward die Zeit erfüllt. Hätte Abraham nicht geglaubt, so wäre Sara wohl vor Kummer gestorben, und der Gram hätte Abrahams Geist so umnachtet, daß er die Erfüllung nicht verstanden, sondern sie belächelt hätte, wie man einen Jugendtraum belächelt. Doch Abraham glaubte, daher war er jung. Denn wer immer das Schlimmste erwartet, war nie jung; wer immer das Beste hofft wird alt, weil das Leben ihn betrügt; doch wer glaubt bewahrt ewige Jugend. Preis daher jener Erzählung! Sara, obgleich hochbetagt, war jung genug sich nach Mutterfreuden zu sehnen; und Abraham, obgleich von Haaren grau, jung genug für den Wunsch Vater zu werden. Auf das Äußere gesehen liegt das Wunderbare darin, daß ihr Wunsch sich erfüllte; in tieferem Verstande liegt das Wunderbare darin, daß Abraham und Sara jung genug waren zu wünschen, und daß der Glaube ihren Wunsch und damit ihre Jugend bewahrt hatte. Er empfing die Erfüllung der Verheißung, und er nahm sie entgegen als Bestätigung seines Glaubens; und so geschah was der Verheißung und dem Glauben entsprach. Denn Mose schlug wohl Wasser aus dem Felsen, aber er glaubte nicht.

Da war Freude in Abrahams Hause über die junge Mutter von neunzig Jahren!

Doch die Freude sollte nicht lange währen; noch einmal sollte Abraham versucht werden. Er hatte gekämpft mit jener listigen Macht, die jede Schwäche ausnützt, mit jenem wachsamen Feinde, der niemals schlummert, mit jenem uralten Greise, der alles überlebt – er hatte gekämpft mit der Zeit und hatte den Glauben bewahrt. Jetzt häuften sich alle Schrecknisse des Streites auf einen Augenblick. »Und Gott versuchte Abraham und sprach zu ihm: Nimm Isaak, deinen einigen Sohn, den du lieb hast, und gehe hin in das Land Morija; und opfre ihn daselbst zum Brandopfer auf einem Berge, den ich dir zeigen werde.«

So war denn alles dahin, schrecklicher, als wenn es ihm niemals geworden wäre! So trieb der Herr denn nur seinen Spott mit Abraham! Wunderbar machte er das Unwahrscheinlichste zur Wirklichkeit; jetzt will er es wieder vernichten. Das war ja Wahnsinn! Doch Abraham lachte nicht darüber, wie Sara, als die Verheißung verkündigt wurde. Alles war dahin! Siebzig Jahre treuen Hoffens, die kurze Freude bei der Erfüllung des Glaubens! Wer will dem Greise seinen Stab entreißen? fordern, daß er ihn selber zerbreche? Wer gewinnt es über sich, Leid und Verzweiflung über sein graues Haupt zu bringen? von ihm zu verlangen, daß er das selbst tue? Gibt es denn kein Mitleid mit dem ehrwürdigen Greise, mit dem unschuldigen Kinde? Und doch war Abraham Gottes Auserwählter, und es war der Herr, der die Prüfung auferlegte. Alles sollte dahin sein! Daß er herrlich fortleben sollte im Gedächtnis der Menschen; daß in seinem Samen alle Geschlechter der Erde gesegnet werden sollten: alles nur ein Einfall, ein flüchtiger Gedanke, den der Herr einmal gehabt hatte! Abraham sollte ihn jetzt austilgen. Jener kostbare Schatz, der eben so alt war, als der Glaube in Abrahams Herzen, viele, viele Jahre älter als Isaak; die Frucht seines Lebens, geheiligt durch Gebet, im Kampfe gereift – der Segen auf Abrahams Lippen: diese Frucht sollte zur Unzeit abgerissen werden und ohne Bedeutung bleiben. Denn welche Bedeutung hatte sie, wenn Isaak geopfert wurde? Jene wehmütige und doch so selige Stunde, in der Abraham Abschied nehmen sollte von allem, was ihm lieb war; da er noch einmal sein ehrwürdiges Haupt erheben, da sein Angesicht strahlen sollte wie das Angesicht des Herrn; da er seine ganze Seele hineinlegen sollte in einen Segen, der mächtig wäre, Isaak für alle Zeiten gesegnet zu machen – jene Stunde sollte nicht kommen! Abschied zwar sollte Abraham von Isaak nehmen, aber so, daß er selbst zurückblieb; der Tod sollte sie scheiden, doch so, daß Isaak seine Beute wurde. Der hochbejahrte Greis sollte nicht todesfreudig seine Hand segnend auf Isaaks Haupt legen, nein, lebensmüde sollte er gewaltsam Hand an sein Kind legen. Und es war Gott, der ihn versuchte. Ja wehe! wehe dem Manne, der mit solcher Botschaft vor Abraham hingetreten wäre! Wer hätte es gewagt, dieser Schmerzensbote zu sein? Aber es war Gott, der Abraham prüfte.

Doch Abraham glaubte, und glaubte für dieses Leben. Ja, wäre sein Glaube nur auf ein zukünftiges Leben gerichtet gewesen, dann hätte er wohl leichter alles hingeworfen, um aus dieser Welt zu eilen, der er nicht angehörte. Doch ein solcher Glaube war Abrahams Glaube nicht, wenn es überhaupt solchen Glauben gibt. Denn ein Glaube, der am äußersten Horizont seinen Gegenstand ahnt, aber von ihm getrennt ist durch eine gähnende Kluft, in der die Verzweiflung ihr Spiel treibt: ein solcher Glaube ist eigentlich nicht Glaube, sondern die entfernteste Möglichkeit des Glaubens. Doch Abraham glaubte gerade für dieses Leben; er glaubte, daß er lange leben sollte im Lande, geehrt im Volke, gesegnet in seinem Geschlecht, unvergeßlich in Isaak, den er als sein teuerstes Kleinod umfaßte mit einer Liebe, deren schwächster Ausdruck die Treue war, mit der er die Pflicht eines Vaters, seinen Sohn zu lieben, erfüllte, wie es ja auch in der Ankündigung lautete: »Den Sohn, den du lieb hast.« Jakob hatte zwölf Söhne, einen, den er liebte; Abraham hatte nur einen, den er liebte.

Doch Abraham glaubte und zweifelte nicht; er glaubte das, was der Vernunft widersprach. Hätte er gezweifelt – wahrlich er würde eine andre Tat vollbracht haben, groß und herrlich: wie könnte Abraham anders handeln als groß und herrlich! Er wäre hinausgezogen nach dem Berge Morija, hätte das Holz gespaltet, den Holzstoß angezündet, das Messer gezückt – er hätte zu Gott gerufen: »Verschmähe nicht dies Opfer! Es ist nicht das Beste, was ich besitze; ich weiß es wohl: was ist ein alter Mann gegen das Kind der Verheißung! Aber es ist das Beste, das ich dir geben kann. Laß Isaak dies niemals erfahren, damit er seine Jugend ungetrübt genieße!« Darauf hätte er seine eigene Brust mit dem Opfermesser durchbohrt. Er wäre in der Welt bewundert worden, und sein Name würde nie vergessen worden sein. Aber eines ist, bewundert zu werden, ein anderes, geängsteten Seelen ein Leitstern zur Rettung zu werden.

Doch Abraham glaubte. Er bat nicht für sich, um dadurch den Herrn umzustimmen; nur damals, als die gerechte Strafe über Sodom und Gomorra erging, hat Abraham den Herrn gebeten.

Wir lesen in jenen heiligen Schriften: »Und Gott versuchte Abraham und sprach zu ihm: ›Abraham, Abraham, wo bist du?‹ Und Abraham antwortete: ›Hier bin ich‹.« Du, an den meine Rede sich wendet, war das gleiche der Fall mit dir? Wenn du in weiter Ferne die schweren Geschicke dir sich nahen sahst, riefst du da nicht den Bergen zu: bedecket mich! und den Hügeln: fallet über mich!? Oder wenn du stärker warst, bewegte sich nicht doch langsam dein Fuß den Weg entlang? sehnte er sich nicht gleichsam zurück nach der alten Spur? Wenn du gerufen wurdest, antwortetest du da? oder antwortetest du nicht? antwortetest du vielleicht leise, flüsternd? Nicht so Abraham; froh, heiter, vertrauensvoll, laut antwortete er: »Hier bin ich.« Wir lesen weiter: »Da stand Abraham des Morgens frühe auf.« Wie zu einem Feste beeilte er sich, und früh am Morgen war er an dem verabredeten Orte, auf dem Berge Morija.

Er sagte nichts zu Sara, nichts zu Elieser. Wer hätte ihn auch verstehen können? auch wenn die Versuchung nicht durch ihre Beschaffenheit ihm das Gelübde des Schweigens auferlegt hätte? Er spaltete das Holz, er band Isaak, er zündete den Holzstoß an, er zückte das Messer. Mein Zuhörer! Es gab manchen Vater, der in seinem Kinde das Liebste auf Erden zu verlieren, jeder Zukunftshoffnung beraubt zu werden glaubte; aber das Kind war doch nicht in dem Sinne das Kind der Verheißung, wie Isaak es für Abraham war. Es gab manchen Vater, der sein Kind verlor; aber da war es Gottes des Allmächtigen unveränderlicher, unerforschlicher Wille, war es seine Hand, die das Kind nahm. Nicht so bei Abraham. Ihm war eine viel schwerere Probe vorbehalten: Isaaks Schicksal war mit dem Messer in Abrahams Hand gelegt. Da stand er, der alte Mann, mit seiner einzigen Hoffnung. Aber er zweifelte nicht; er schaute nicht ängstlich nach rechts und links; er forderte nicht den Himmel heraus durch seine Gebete. Er wußte, es sei der allmächtige Gott, der ihn prüfte; er wußte, es sei das schwerste Opfer, das von ihm gefordert werden konnte; aber er wußte auch, daß kein Opfer zu schwer sei, wenn Gott es forderte, und er zückte das Messer.

Wer stärkte Abrahams Arm, wer stützte seine gehobene Rechte, daß sie nicht machtlos niedersank? Wer es ansieht wird starr vor Entsetzen. Wer stärkte Abrahams Seele, daß es nicht dunkel wurde vor seinen Augen, so daß er weder Isaak noch den Widder sah? Wer es ansieht erblindet. Und doch, wie selten findet sich wohl jemand, den das Geschehene starr und blind macht! wie seltener noch ist es, daß sich einer fände, der würdig erzählte was da geschah! Denn wir wissen es alle, – es war nur eine Prüfung.

Wenn Abraham, da er auf dem Berge Morija stand, gezweifelt hätte; wenn er ratlos umhergeblickt hätte; wenn er, ehe er das Messer erhob, durch einen Zufall den Widder entdeckt hätte; wenn Gott ihm erlaubt hätte, diesen an Isaaks Statt zu opfern: alles wäre geblieben wie es war! Er kehrte heim, er besaß Sara, er behielt Isaak, – und doch wie ganz anders war dann alles! Denn seine Heimkehr war Flucht, sein Glück Zufall, sein Lohn Beschämung, seine Zukunft vielleicht Verlorenheit. Da wäre er weder ein Zeuge seines eigenen Glaubens gewesen noch ein Zeuge der Gnade Gottes, sondern hätte nur Zeugnis davon gegeben, wie schrecklich es ist zum Berg Morija zu ziehen. Abraham würde nicht vergessen worden sein, auch nicht der Morijaberg. Dieser aber würde nicht genannt werden wie der Ararat, wo die Arche landete, sondern genannt werden als ein Ort des Schreckens, weil hier Abraham zweifelte.

Ehrwürdiger Vater Abraham! Da du heimkehrtest vom Berge Morija, da bedurftest du keiner Lobrede, die dich für das Verlorne hätte trösten können. Du gewannst ja alles und behieltest Isaak: war es nicht so? Der Herr nahm ihn dir nicht mehr, sondern du saßest froh zu Tische mit ihm in deiner Hütte, wie du es nun dort oben in alle Ewigkeit hinein tust. Ehrwürdiger Vater Abraham! Jahrtausende sind entschwunden seit jenen Tagen, und du bedarft keines späten Verehrers, der dein Andenken der Vergessenheit entrisse. In jeder Sprache gedenkt man deiner. Und doch lohnst du den, der dich liebend verehrt, aufs herrlichste. Drüben machst du ihn selig in deinem Schoße; schon hienieden fesselst du sein Auge, entzückst du sein Herz durch das Wunderbare deiner Tat. Ehrwürdiger Vater Abraham! Zweiter Vater des Menschengeschlechts! Du, der erste

Zeuge jener gewaltigen Leidenschaft, die den schrecklichen Kampf mit den entfesselten Elementen und den Kräften der Schöpfung verschmäht, um mit Gott zu streiten; du, der du zuerst jene höchste Leidenschaft kanntest, den heiligen, reinen, demütigen Ausdruck für den göttlichen Wahnsinn, der von den Heiden bewundert wurde – vergib dem, der zu deinem Preise reden wollte, wenn es nicht auf gebührende Weise geschah! Er redete demütig, wie es seines Herzens Wunsch war; er redete kurz, wie es sich geziemt: doch niemals wird er vergessen, daß du hundert Jahre leben mußtest um den Sohn deines Alters wider Erwarten zu erlangen, daß du das Messer zücken mußtest bevor du Isaak behieltest; er wird nie vergessen, daß du in 130 Jahren nicht weiter gelangtest als bis zum Glauben.

Kolakowski

Die Stimme aus dem 20. Jahrhundert, der wir zum Abschluß das Wort geben, wird vielleicht manchen Leser verwundern. Aber es soll doch etwas sein, das für unsere Zeit charakteristisch ist. Lassen wir uns also ruhig ein wenig verwirren von der Satire – denn darum handelt es sich natürlich – zu der unsere alte Erzählung einen modernen Philosophen angeregt hat! Die Bibel hat ja längst aufgehört, als »Heilige Schrift« das Reservat gläubiger Menschen zu sein. Sie ist ein Stück Weltliteratur geworden, und jeder kann damit machen, was er will. Und geht uns das etwa nichts an, wie man sie heute liest und was für Anstöße von ihr ausgehen?

Um den ehemaligen Warschauer Professor der Philosophie Leszek Kolakowski (geb. 1927, heute in Oxford) hat sich schon eine kleine Literatur gebildet. Als überzeugter aber sehr kritischer Marxist hat er schnell Aufsehen erregt, Hoffnungen erweckt, aber in seiner polnischen Heimat auch Ärger verursacht. Sei hier nur so viel gesagt, daß er die politisch handelnden Marxisten sehr dringlich darauf befragt, wie es denn mit ihrer Humanität bestellt ist. Aber ebenso dringlich richtet er diese Frage auch an die Christen aller Konfessionen. Kolakowski weiß in der Geschichte der christlichen Theologie erstaunlich Bescheid und liest viel in der Bibel. Er kann auch auf eine andere als die parodistische Weise über Biblisches reden, z. B. über Jesus, nämlich als Philosoph. Daß es ihm auch in dem folgenden Text um etwas Ernstes geht, muß man dem Leser kaum sagen. Allerdings muß er dem Verfasser in dem einen folgen, was eines seiner Hauptanliegen ist, er muß nämlich bereit sein, alles irgendwie und irgendwo Dogmatisierte oder Verabsolutierte mit scharfer Kritik philosophisch zu hinterfragen. Wer ihm vorher noch nicht begegnet ist, wird ihn freilich aus dieser kurzen Parodie kaum richtig kennenlernen.

Kolakowskis Verhältnis zur Bibel und zum Christlichen ist allein schon ein Kapitel für sich, weil er ihre »Werte« für den Marxismus bewahren möchte. Das allein schon gibt ihm unter den Philosophen seiner Richtung neben Ernst Bloch eine Sonderstellung. (Er soll sich einmal als einen inkonsequenten Atheisten bezeichnet haben.) Trotzdem wäre es völlig falsch, wenn wir in dem hier gegebenen Fall in erster Linie herausspüren wollten, was sich von dem Gehalt der alten Erzählung doch noch durchgerettet hat. Da wäre es ehrlicher, zuzugeben, daß der Sinn der Erzählung nahezu auf den Kopf gestellt wurde. Was der Erzähler sagen wollte, hat Kolakowski schlicht beiseite geschoben. Man erwarte also von vornherein nichts, was irgend den Namen einer Interpretation verdient, auch nicht einer atheistischen. Der Umschlag gegenüber Luther oder Kierkegaard ist ein radikaler. Während die beiden, wie verschieden auch immer, von dem Erzählten betroffen waren, ja sich selbst darin enthalten sahen, bestimmt nun eine äußerste Distanz das Verhältnis zu dem überlieferten Erzählungsstoff. Wer will es da noch verwehren, den Stoff umzumodeln und in eine Parodie umzudichten? Aber gerade so gelingt es dem Verfasser, seine Leser in einer ganz aktuellen Sache anzureden.

Gebrauchten wir eben den Ausdruck Parodie, so wäre verdeutlichend hinzuzufügen, daß es sich um eine politische Parodie handelt. (Wie wäre sie denn sonst modern?) Man höre aus ihr also nicht sofort eine billige Polemik gegen Religion und Gottesglauben heraus, die Kolakowski überhaupt fern liegt. Allerdings ist der Begriff des Politischen weit zu fassen, denn in welchem Bereich auch immer Macht wirksam wird, sieht der Marxist Politisches. Darum soll man hier auch nicht denken, Kolakowski habe »nur« vom Politischen und nicht auch vom Religiösen gesprochen.

Satirisch dargestellt ist der beschränkt subaltern denkende Untergebene, der auch nicht nach einer Begründung des sinnlosesten Befehls fragt. Abraham steht hier also für die unübersehbare Masse aller irgendwie Untergebenen, die nicht nachdenken und noch weniger sich Entscheidungen abverlangen. Aber sie sind die Träger der »Staatsraison«! Ihm, dem Untergebenen steht die allmächtige Obrigkeit gegenüber, die Behörde, deren Art es nicht ist, ihre Befehle zu erläutern, und über deren zweideutige Funktion Kolakowski auch anderwärts einiges gesagt hat.

Was nun das Ergebnis der satirisch dargestellten Geschichte anlangt, so kann die Obrigkeit mit ihrem Untergebenen in jeder Hinsicht zufrieden sein. Hätte sich die Sache nur zwischen diesen beiden Partnern abgespielt, so wäre alles gut gelaufen. Wenn nur nicht Isaak etwas gemerkt hätte! (Hier übernimmt Kolakowski offensichtlich einen Zug aus Kierkegaards Darstellung). Genug, Isaak war schließlich auch dabei; ja, er war das eigentliche Opfer von dem, was zwischen Obrigkeit und Untergebenem vorging. Lebenslang blieb ihm eine seelische Schädigung, ein Trauma. Seitdem schwankte er auf den Beinen, und es wurde ihm übel beim Anblick des Vaters. Hier wird die Geschichte höchst unheimlich. Oder vielleicht nicht? Die Sache ist doch gut ausgegangen. Aber gerade an diesem Punkt sprengt der hinter dem Ganzen stehende bittere Ernst fast das leichte satirische Gewand; denn »wir (!), die richtigen Männer« kümmern uns doch nur ums Resultat. Nur ein weinerlicher Mensch bringt Moralisches ins Spiel und vermag wenig Unterschied zu sehen zwischen einer erklärten Bereitschaft zu töten und dem wirklichen Vollzug des Tötens selbst. Aber dem »weinerlichen Menschen« kann die Obrigkeit entgegen halten, daß es ja gar nicht zum Töten gekommen ist. Insofern hat sie ihre Sache eben doch sehr gut gemacht (welch ein Unterschied zwischen diesem »Spaß Gottes« und dem »Spielen« Gottes bei Luther!).

Hier ist viel Verfremdung. Zunächst ist der alte Erzählungsstoff seiner Wahrheit entkleidet und muß in ganz neuer Gestalt zu einem ausgesprochen modernen Problem Stellung nehmen. Aber – weitere Verfremdung! – der moderne Verfasser gibt dem von ihm angegangenen Problem beileibe nicht das Gewicht, das ihm gebührt. Seine Diktion scheint lässig, wo nicht geradezu salopp. (In Wirklichkeit sind aber die Worte sehr bedachtsam gesetzt!) Kolakowski spielt ein wenig mit dem Leser, indem er ihn in die Versuchung führt, das Ganze wirklich als eine vergnügliche Sache zu lesen und am Ende gar in das schreckliche Gelächter einzustimmen.

Die Darstellung Kolakowskis hinterläßt bei uns ein zwiespältiges Gefühl. Wer die Erzählung überhaupt erst in der Fassung Kolakowskis ernstlich zur Kenntnis nimmt, wird die Stoßkraft der Satire viel stärker empfinden als der, der sich schon der Absicht des alten Erzählers verpflichtet weiß. Aber auch er wird sich wundern müssen über die Kraft, die der Erzählung auch noch in einer solchen Entstellung innewohnt, eine Kraft, die immer noch ausreicht, einem bis zur Unmenschlichkeit versteinerten politischen oder religiösen Dogmatismus zu Leibe zu gehen.

Abraham oder eine höhere Trauer

Die Geschichte von Abraham und Isaak wurde von Sören Kierkegaard und seinen Nachfolgern philosophisch als das Problem der Furcht interpretiert: Abraham soll den Sohn auf Befehl Gottes opfern. Aber woher nimmt er die Gewißheit, daß es ein Befehl Gottes ist und nicht eine Versuchung des Teufels, eine Täuschung oder Wahnsinn? Woher die Sicherheit, daß er den Befehl richtig verstand? Mit anderen Worten, die Interpretation der Angelegenheit Isaaks unter existenzialistischem

Aspekt geht von der Auffassung aus, daß die endgültige Entscheidung in der Hand Abrahams liege, daß Abraham nicht die Möglichkeit habe, sich völlige Gewißheit über die Quelle des Befehls und über dessen Inhalt zu verschaffen, und er von der Furcht geschüttelt werde, er könne das Leben des Sohnes vielleicht umsonst opfern. Abraham steht also für menschliche Furcht angesichts einer Situation, in welcher ein Zwang zur Wahl unter großen Werten besteht und es an äußeren Gründen fehlt, diese Wahl zu treffen.

Ich gestehe, daß ich Lust habe, das Problem Isaak in einer bedeutend einfacheren Weise zu lösen, in einer Weise nämlich, die eher auf Abrahams Vergangenheit Bezug nimmt. Ich setze voraus, daß Abraham nicht an dem göttlichen Ursprung des Befehls zweifeln konnte. Er verfügte über absolut zuverlässige Mittel zur Verständigung mit seinem Schöpfer, wie sie uns heute unbekannt sind, er verkehrte häufig mit ihm und stand sogar in einem gewissen Vertrauensverhältnis zu seinem Vorgesetzten. Ich ziehe auch das bekannte Versprechen in Betracht, das ihm sein Herr gegeben hatte: das Versprechen, aus ihm ein großes, besonders gesegnetes Volk zu machen, das in der Welt eine außergewöhnliche Stellung einnehmen würde. Er knüpfte nur eine Bedingung daran: absoluten Gehorsam gegenüber der Obrigkeit. Wenn Abraham nicht sicher gewesen wäre, daß wirklich Gott zu ihm sprach, so wäre Gottes Absicht sinnlos gewesen: Er wollte nämlich die Treue des Untergebenen erproben, mußte also Mittel finden, um in diesem die untrügliche Überzeugung zu wecken, daß er eben einen solchen Befehl vom Vorgesetzten erhalten habe. Im umgekehrten Falle wäre das Ziel des Unternehmens nicht zu erreichen gewesen – statt darüber nachzudenken, ob er den Befehl ausführen solle, hätte Abraham darüber nachdenken müssen, ob er überhaupt einen Befehl erhalten habe.

Mit anderen Worten: Abraham trägt die Verantwor-

tung für die Staatsraison. Das zukünftige Schicksal des Volkes und die Größe des Staates hängen von der getreuen Erfüllung aller Befehle der Obrigkeit ab. Aber die Obrigkeit verlangt von ihm, daß er das eigene Kind opfert. Abraham hatte zwar die Natur eines Gefreiten und war es gewöhnt, sich genau an die Instruktionen von oben zu halten – er war jedoch nicht ohne Mitgefühl für das Los der Familie. Als Gott ihm befahl, den Sohn dem Feuer zu opfern, hatte er es nicht für notwendig erachtet, den Befehl zu begründen. Es ist nicht Art von Vorgesetzten, dem Untergebenen den Befehl zu erläutern. Das Wesen des Befehls besteht darin, daß er ausgeführt werden muß, weil er ein Befehl ist, und nicht deswegen, weil er vernünftig, erfolgversprechend, durchdacht ist; es ist keineswegs erforderlich, daß der Gehorchende den Sinn des Befehls versteht – sonst kommt es unweigerlich zu Anarchie und Chaos. Ein Untergebener, der nach dem Sinn des erhaltenen Befehls fragt, sät Unordnung, entlarvt sich als unfruchtbarer Räsoneur. Er ist im Grunde ein Besserwisser, ein Feind der Obrigkeit, der gesellschaftlichen Ordnung und des Systems.

Aber wenn der Befehl verlangt, daß du den eigenen Sohn töten sollst?

Der Konflikt Abrahams ist der übliche Konflikt des Soldaten: Abraham wußte, daß er sich in einer unnatürlichen Situation befand. Einen Beweis dafür liefert die Tatsache, daß er, als er sich der Opferstelle näherte, dem Diener befahl, zurückzubleiben, daß er vorgab, mit dem Sohn Gebete verrichten zu wollen, und daß er sich bemühte, das grausame Geschäft unbeobachtet zu vollbringen. Selbst dem Sohn verriet er das Ziel des Ausflugs nicht. Er wollte vermeiden, daß der Sohn erkannte, Opfer des Vaters zu sein.

Als sie an Ort und Stelle angelangt waren, begann Abraham umständlich, den Stoß aufzuschichten. Das verlangte einige Geschicklichkeit, denn die Balken fielen auseinander, und Abraham mußte mehrmals von vorne anfangen. Isaak beteiligte sich nicht an diesen Verrichtungen, betrachtete ängstlich den Vater, stellte schüchtern einige Fragen, erhielt aber nur brummige und unwillige Antworten.

Schließlich ließ sich die Sache nicht länger hinziehen. Abraham wollte den Sohn nicht über sein eigenes Schicksal aufklären, solches war im Befehl nicht einbegriffen. Er konnte also dem Kind den Schrecken ersparen. Mit einem blitzartigen Schlag von hinten, einem erprobten Schlag, bei dem niemand Zeit hat, einen Gedanken zu fassen, wollte er es töten.

Aber das gelang nicht. Isaak kletterte auf den Stoß, wo der Vater ihn irgendeine Kleinigkeit in Ordnung zu bringen geheißen hatte. In diesem Augenblick hob der Vater das schwere, bronzene Schwert, mit dem er sonst die Ochsen zu töten pflegte. Im selben Augenblick ertönte aber auch der Schrei des Engels: »Halt ein!« Gleich darauf ein Schrei des Entsetzens: Isaak hatte sich umgedreht, erblickte den mit erhobener Waffe, mit einem Blick brutaler Entschlossenheit, mit zusammengekniffenen Lippen wie erstarrt dastehenden Vater und fiel in Ohnmacht.

Gott lächelte gutmütig und klopfte Abraham auf die Schulter.

»Du benimmst dich, wie es sich gehört«, sagte er anerkennend, »jetzt weiß ich, daß du auf meinen Befehl auch den eigenen Sohn nicht schonst!« Dann wiederholte er das alte Versprechen, sein Volk zu vermehren und ihm bei der Vernichtung seiner Feinde beizustehen: »Denn du hörtest meine Stimme.«

Damit ist die Geschichte zu Ende. Freilich hätte sie auch anders aufhören können. Hätte Isaak nämlich nicht im letzten Augenblick den Kopf gewendet, wäre ihm das Geschehen überhaupt verborgen geblieben. Einen Moment später wäre er vom Stoß heruntergeklettert und hätte den Vater, das Schwert schon in der Schei-

de, ruhig dastehen sehen. Solcherart hätte sich die ganze Geschichte außerhalb des Bewußtseins von Isaak abgespielt, nur zwischen Abraham und Gott. Sie hätte als Illustration für eine bestimmte Art von Erziehung dienen können. Aber Isaak sah: Abraham war zufrieden, weil er sich Gottes Anerkennung verdient, die Bestätigung für den kommenden großen Staat erhalten und den Sohn schließlich nicht geopfert hatte. Alles fand ein gutes Ende, und in der Familie wurde viel gelacht. Isaak verwand seinen Schock allerdings nie: seit dieser Zeit schwankte er auf den Beinen, und ihm wurde übel beim Anblick des Vaters. Aber er lebte lange und hatte viel Erfolg.

Die Moral: Irgendein verweichlichter Intellektueller, ein hysterischer und weinerlicher Mensch wird vielleicht sagen, es sei vom Standpunkt der Moral ganz gleich, ob Abraham seinen Sohn tötete oder ob er nur das Schwert erhob, um ihn zu töten, und ihn jemand davon abhielt. Wir jedoch sind mit Abraham der entgegengesetzten Meinung – wir, die richtigen Männer. Wir achten das Resultat und wissen, daß es ganz gleich ist, ob er töten wollte oder nicht. Immerhin hat er ja nicht getötet. Deswegen lachen wir bis zum Umfallen über den herrlichen Spaß Gottes. Schließlich seht ihr selbst, daß er ein Pfundskerl ist.

Rembrandt

Zu den Bildern von Rembrandt (1606–1669), die diesem Büchlein beigegeben wurden, soll hier nur wenig gesagt werden. Es handelt sich ja nicht mehr um mittelalterlich-gebundene Darstellungen eines biblisch-sakralen Geschehens, die in stärkerem Maß der Interpretation bedürfen. Von solchen Bildern war Luther noch umgeben, während seine eigene Auffassung weit darüber hinaus geschritten war. Bei dem reformierten Protestanten Rembrandt hat die Darstellung einer biblischen Geschichte wie der unseren den Kirchenraum verlassen und ist damit viel weltlicher und zugleich in einem noch höheren Maße dem Künstler gleichzeitig geworden. Da es sich in keinem Fall um Auftragsarbeiten handelt, sondern um den freien künstlerischen Entschluß, ist die Frage, was denn Rembrandt eigentlich dazu bewogen hat, Biblisches darzustellen, nicht mehr so eindeutig zu beantworten. Es war ja ein Raum vielfältig divergierender Spannungen, in dessen Bereich die Menschen des Barock und sonderlich die Künstler umgetrieben wurden. So könnte es durchaus der einfache Anreiz gewesen sein, das ins Bild zu bringen, was in der Bibel so unvergeßlich in Worten geschildert war. Das Motiv könnte aber auch ein unmittelbar religiöses Betroffensein gewesen sein. Vielleicht war es auch beides zugleich? Dieser Frage, die wohl in jedem einzelnen Falle besonders zu beantworten wäre, wird hier nicht nachgegangen. Genug, daß wir so wunderbare Darstellungen einer biblischen Geschichte haben! In jedem Falle müssen wir bei Rembrandt eine uns kaum mehr vorstellbare Vertrautheit mit der biblischen Geschichte in Rechnung setzen. Mit seinem unvergleichlichen Auge wandelt er durch die Erzählungen der Bibel wie durch längst Bekanntes und läßt sie doch unter seiner Hand immer wieder zu etwas ganz Neuem werden. Aber auch der tägliche Anblick von Juden und der nachbarliche Umgang mit ihnen wirkt in diese Bilder herein.

Die Radierung von dem Gespräch Abrahams mit Isaak stammt aus dem Jahr 1645. Die beiden sind auf dem Berg angekommen, Abraham hat das Kohlenbekken hinter sich abgestellt, Isaak hält das Holzbündel wohl noch in den Händen, hat es aber auf der Erde abgesetzt, um es nicht weiter tragen zu müssen. Rembrandt stellt hier etwas dar, wovon der biblische Erzähler nicht spricht, was schon Luther moniert hat (s. S. 53). Es ist das Gespräch zwischen dem Vater und dem Sohn, das ja unter allen Umständen stattgefunden haben muß, das auszumalen sich freilich unsere Phantasie weigert. Nun endlich muß Abraham es seinem Kinde sagen.

Genau in der Mitte zwischen den Augen der beiden steht Abrahams Hand mit dem nach oben weisenden Finger. Mit der anderen Hand greift er sich ans Herz. Sichtlich hat der Junge noch wenig begriffen. Er hört zu, steht aber unbeweglich da und blickt fast ein wenig dümmlich drein. Keine Bewegung, etwa seiner Hände, deutet auf eine Erregung. Aber in seinem Gesicht wird es dunkel. Auch das Dunkel, das sich hinter der kindlichen Gestalt aufbaut, wird der Beschauer nicht übersehen. Und steht Isaak nicht dicht am Rande des Abgrunds?

Das große Gemälde, das sich jetzt in der Alten Pinakothek in München befindet, hat eine nicht unkomplizierte Vorgeschichte. Ein Schüler Rembrandts hat dessen Gemälde von der Opferung Isaaks aus dem Jahr 1635 (jetzt in Leningrad) mit einigen Freiheiten kopiert. Diese Kopie hat dann Rembrandt seinerseits im Jahre 1636 noch einmal bearbeitet und übermalt. Die beiden Gemälde sind also zehn bis elf Jahre vor der Radierung entstanden, von der eben die Rede war.

Um es gleich zu sagen: dieses Gemälde von 1636 ist bei weitem die dramatischste Darstellung, die Rembrandt dem Geschehen gegeben hat. Was der Höhepunkt der Erzählung an Wildheit sowohl des äußeren Geschehens wie der inneren Bewegung enthält, das ist hier herausgeholt. Die wilde Entschlossenheit Abrahams hat alle weichen Regungen niedergezwungen. Fast will er sich von dem Engel in seinem Werk nicht stören lassen. Die Augen sind weit aufgerissen. Der Engel muß das Handgelenk des Alten festhalten. Zwar fällt schon das Messer – es steht noch in der Luft! – aber die Hand des Vaters umklammert mit ihren Fingern noch fest das Gesicht Isaaks und hält den Kopf brutal zurückgebogen. Hell in dem Licht, das von dem Engel ausgeht, liegt die zum Schnitt freigelegte Kehle.

Diese Zeichnung ist zehn Jahre nach der Radierung von dem Gespräch Abrahams mit Isaak und neunzehn Jahre nach dem Gemälde entstanden (also 1655). Der Gegenstand hat Rembrandt offenbar nicht losgelassen. Während die Radierungen und das Gemälde mit großer Sorgfalt ausgeführt sind, hat Rembrandt die Zeichnung vielleicht in Minutenschnelle hingeworfen. Der Beschauer blickt auf die Szene schräg von hinten her. Isaak liegt mit angezogenen Knien auf dem Altar. Aber auch so ist die Unterlage für den großen Jungen noch zu kurz, denn auf der anderen Seite hängt der Kopf über. Das aber kommt der Ausführung des Opfers entgegen, weil nun die Kehle ganz von selber bloßgelegt wird. Die Hinbewegung des Engels auf Abraham wird durch einige schräge Striche angedeutet. Sein Angesicht – das Abrahams ist abgewandt – ist von einem tiefen Leiden gezeichnet; seine Hand hat er auf das Haupt Abrahams gelegt. Aber Abraham, der hier greisenhafter als in den anderen Darstellungen erscheint, merkt davon noch nichts. Er ist ganz seinem grausigen Geschäft zugewandt, aber seine Knie sind eingeknickt, so daß man ihr Zittern zu sehen glaubt. Nach der Ausführung dieses Werkes wird dieser Mann ein Wrack sein (Rotermund).

Noch einmal im selben Jahr (1655) hat sich Rembrandt dem gleichen Gegenstand zugewandt, also dem gleichen Augenblick in dem Ereigniszusammenhang. Aber hier ist alles – vom Äußeren der Szenerie an bis zum Innersten – ganz anders. Diesmal kniet Isaak und beugt sich in tiefster Ergebung in den Schoß des Vaters. Abraham verdeckt ihm mit der Hand schonend die Augen und drückt damit zugleich den Kopf des Knaben an seine Brust. (Wie ganz anders war die Gebärde des Bedeckens des Gesichts auf dem Gemälde S. 91!) Der Ausdruck im Gesicht des Vaters entzieht sich einer Beschreibung! Aber der Engel ist ihm ganz nahe. Im Unterschied zu den beiden anderen Darstellungen ist ihm der Engel so nahe, daß er sich mit dem Alten fast zu einer Gestalt verschlingt. So fest hält er ihn von hinten her mit seinen beiden Armen umfangen! Der schräg von oben einfallende Lichtstrahl trifft genau die einhaltende Hand des Engels. Mit der anderen will er die Hand Abrahams von dem Gesicht Isaaks wegziehen: die schonende Gebärde ist nicht mehr nötig. Reine Liebe ist es, die den Abraham in der Erscheinung des Engels umgreift. Der Kreis der Aussagen dieser kleinen Radierung – Vaterliebe, Entsetzen, wehrlose Ergebung, göttliche Liebe – ist ungeheuer weitgespannt.

Die Kunsthistoriker fragen sich, ob die Darstellung so, wie sie im Druck erscheint, nicht seitenverkehrt ist. Tatsächlich fällt es auf, daß Abraham das Messer in der linken Hand hält. Möglicherweise hat Rembrandt selbst bei der Arbeit an der Platte die für den Druck notwendige Seitenverkehrung außer Acht gelassen.

Der Verfasser möchte an dieser Stelle seinen Dank für die beratende Hilfe aussprechen, die ihm von Herrn Professor Wilhelm Anz in Bethel bei der Beschäftigung mit Kierkegaard und von Frau Dr. Christine Peter in Heidelberg bei der Beurteilung der Rembrandt-Darstellungen zuteil geworden ist.

Die Wiedergabe des Kierkegaard-Textes erfolgt mit freundlichem Einverständnis des Eugen Diederichs Verlags in Düsseldorf anhand der im Jahre 1923 erschienenen Werkausgabe, herausgegeben von Hermann Gottsched und Christoph Schrempf.

Den Abdruck der Erzählung von Leszek Kolakowski aus dem Band »Der Himmelsschlüssel. Erbauliche Geschichten« (1965) erlaubte der Verlag R. Piper & Co. in München.

Die Bildvorlagen stellten dankenswerterweise die Direktionen der Bayerischen Staatsgemäldesammlungen und der Staatlichen Graphischen Sammlung in München zur Verfügung.